Werse-Ems-Radweg

Eine Zweiflüsse-Rundtour im Münsterland

Ein original *bikeline*-Radtourenbuch

uer

bikeline®-Radtourenbuch
Werse-Ems-Radweg

A-3751 Rodingersdorf, Hauptstr. 31
Tel.: +43/2983/28982-0, Fax: -500
E-Mail: bikeline@esterbauer.com
www.esterbauer.com
1. Auflage, 2010
ISBN: 978-3-85000-264-6

Bitte geben Sie bei jeder Korrespondenz die Auflage und die ISBN an!

Dank an alle, die uns bei der Erstellung dieses Buches tatkräftig unterstützt haben.
Das *bikeline*-Team: Heidi Authried, Beatrix Bauer, Markus Belz, Michael Bernhard, Michael Binder, Veronika Bock, Sandra Eisner, Roland Esterbauer, Gabi Glasstetter, Melanie Grubmüller, Dagmar Güldenpfennig, Carmen Hager, Heidi Huber, Martina Kreindl, Eveline Müllauer, Gregor Münch, Karin Neichsner, Niki Nowak, Julia Pelikan, Petra Riss, Christian Schlechte, Erik Schmidt, Mandy Schwalbe, Matthias Thal, Martin Wischin, Wolfgang Zangerl.

Umschlagbilder: Gregor Münch
Bildnachweis: Flora Westfalica GmbH: 16; Gregor Münch: 6, 7, 8, 9, 10, 11, 12, 13, 14, 17, 18, 20, 22, 23, 24, 25, 26, 28, 29, 30, 33, 36, 37, 38, 40, 41, 44, 46, 48, 50, 51, 52, 54, 56, 57, 58, 60, 62, 63, 64, 65, 66, 67, 68, 70, 72, 74, 76, 78, 79, 80, 88; pro Wirtschaft GT GmbH: 82; Roland Esterbauer: 56, 57; Stadt Hamm: 40, 42, 43; Stadt Harsewinkel: 84, 86; WFG Ahlen: 32, 34, 46

Kartografie erstellt mit axpand
(www.axes-systems.com)

bikeline

Was ist bikeline?

Wir sind ein Team von Redakteuren, Kartografen, Geografen und anderen Mitarbeitern, die allesamt begeisterte Radfahrerinnen und Radfahrer sind. Ins „Rollen" gebracht hat das Projekt 1987 eine Wiener Radinitiative, die begonnen hat Radkarten zu produzieren. Heute tun wir dies als Verlag mit großem Erfolg. Mittlerweile gibt's bikeline® und cycline® Bücher in fünf Sprachen und in vielen Ländern Europas.

Um unsere Bücher immer auf dem letzten Stand zu halten, brauchen wir auch Ihre Hilfe. Schreiben Sie uns, wenn Sie Unstimmigkeiten oder Änderungen in einem unserer Bücher entdeckt haben.

Wir freuen uns auf Ihre Rückmeldung (redaktion@esterbauer.com),

Ihre bikeline-Redaktion

Vorwort

Werse und Ems - die Fahrt entlang dieser ruhigen und weitgehend naturbelassenen Flüsse bietet eine für Auge und Geist entspannende Runde fern von Extremen, die mit ihrem meist ebenen Verlauf auch Ihre Muskulatur verschont. Auf der idyllischen Fahrt über Felder und durch Wäldchen kann der Blick zumeist weit schweifen, und stets befindet sich Wasser in der Nähe. Die Landschaft entlang der Werse zeigt sich außerordentlich abwechslungsreich, sei es als Zeuge der Industriekultur, später in landwirtschaftlicher Prägung und zuletzt als romantische Auenlandschaft. Neben zahlreichen Städten und Städtchen treffen Sie auf drei einstige Landesgartenschauen und passieren am Unterlauf der Werse eine Reihe von Mühlen.
Der Ems-Radweg umwirbt den noch schmalen Fluss und führt Sie dabei sowohl über die üppigen Parklandschaften des Münsterlandes als auch durch pittoreske Städtchen direkt am Fluss und vorbei am Kloster Marienfeld.

Präzise Karten, genaue Streckenbeschreibungen, zahlreiche Stadt- und Ortspläne, Hinweise auf das kulturelle und touristische Angebot der Region und ein umfangreiches Übernachtungsverzeichnis – in diesem Buch finden Sie alles, was Sie zu einer Radtour entlang von Werse und Ems brauchen – außer gutem Radlwetter, das können wir Ihnen nur wünschen.

Kartenlegende

Radrouten

Hauptroute, wenig KFZ-Verkehr

- asphaltiert (main cycle route, low motor traffic)
- nicht asphaltiert (main cycle route, unpaved road)
- schlecht befahrbar (main cycle route, bad surface)

Radweg / Hauptroute, autofrei

- asphaltiert (cycle path, without motor traffic, paved road)
- nicht asphaltiert (cycle path, unpaved road)
- schlecht befahrbar (cycle path, bad surface)

Ausflug od. Variante
(excursion or alternative route, low motor traffic)

- asphaltiert (excursion or alternative route, paved road)
- nicht asphaltiert (excursion, unpaved road)
- schlecht befahrbar (excursion, bad surface)

Ausflug od. Variante, autofrei / Radweg
(excursion or alternative route, without motor traffic /cycle path)

- asphaltiert (excursion or alternative route, paved road)
- nicht asphaltiert (excursion, unpaved road)
- schlecht befahrbar (excursion, bad surface)

- sonstige Radrouten (other cycle routes)
- Radweg in Planung (planned cycle path)
- Radweg gesperrt (closed cycle path)
- Fährverbindung (ferry connection)

KFZ-Verkehr (vehicular traffic)

- Radroute auf mäßig befahrener Straße (cycle route with moderate motor traffic)
- Radroute auf stark befahrener Straße (cycle route with heavy motor traffic)
- Radfahrstreifen (cycle lane)
- mäßig befahrene Straße (road with motor traffic)
- stark befahrene Straße (road with heavy motor traffic)

Steigungen / Entfernungen (gradient / distance)

- starke Steigung (steep gradient, uphill)
- leichte bis mittlere Steigung (light gradient)
- 3,2 Entfernung in Kilometern (distance in km)
  Durch Rundungen können Differenzen zu den tatsächlich gefahrenen Kilometern entstehen.
- Kopfsteinpflaster (cobbled street)
- Tunnel (Tunnel)
- 374 5424 UTM-Gitter (2 km) (UTM-grid)
- Routenverlauf (cycle route direction)
- Stadt- /Ortsplan (city map)

Radinformationen

- Fahrradwerkstatt* (bike workshop*)
- Fahrradvermietung* (bike rental*)
- überdachter Abstellplatz* (covered bike stands*)
- abschließbarer Abstellplatz* (lockable bike stands*)
- Gefahrenstelle (dangerous section)
- Text beachten (read text carefully)
- Treppe* (stairs*)
- Engstelle* (narrow pass, bottleneck*)

Nur in Ortsplänen

- Parkplatz* (parking lot*)
- Parkhaus* (garage*)
- Post* (post office*)
- Apotheke* (pharmacy*)
- Krankenhaus* (hospital*)
- Feuerwehr* (fire-brigade*)
- Polizei* (police*)
- Theater* (theatre*)

* Auswahl (* selection)

Maßstab 1 : 50.000

1 cm ≙ 500 m   1 km ≙ 2 cm

0 1 2 3 4 5 6 7 8 9 10 km

Wichtige bzw. sehenswerte thematische Informationen

Schönern sehenswertes Ortsbild (picturesque town)
Einrichtung im Ort vorhanden (facilities available)
Hotel, Pension (hotel, guesthouse)
Jugendherberge (youth hostel)
Campingplatz (camping site)
Naturlagerplatz* (simple tent site*)
Tourist-Information (tourist information)
Einkaufsmöglichkeit* (shopping facilities*)
Kiosk* (kiosk*)
Gasthaus (restaurant)
Rastplatz* (resting place*)
Unterstand* (covered stand*)
Freibad (outdoor swimming pool)
Hallenbad (indoor swimming pool)
Kirche, Kloster (church, monastery)
Schloss, Burg (palace, castle)
Ruine (ruins)
Museum (museum)
Ausgrabungen (excavation)
andere Sehenswürdigkeit (other place of interest)
Tierpark (zoo)
Naturpark, -denkmal (nature reserve, monument)
Aussichtspunkt (panoramic view)
Fähre (ferry)

Topographische Informationen

Kirche (church)
Kapelle (chapel)
Kloster (monastery)
Schloss, Burg (castle)
Ruine (ruins)
Turm (tower)
Funk- und Fernsehanlage (TV/radio tower)
Kraftwerk (power station)
Umspannwerk (transformer)
Windmühle (windmill)
Windkraftanlage (windturbine)
Wegkreuz (wayside cross)
Gipfel (peak)
Bergwerk (mine)
Leuchtturm (lighthouse)
Sportplatz (sports field)
Denkmal (monument)
Flughafen (airport, airfield)
Schiffsanleger (boat landing)
Quelle (natural spring)
Kläranlage (water treatment plant)

Staatsgrenze (international border)
Landesgrenze (country border)
Kreisgrenze, Bezirksgrenze (district border)
Wald (forest)
Felsen (rock, cliff)
Vernässung (marshy ground)
Weingarten (vineyard)
Friedhof (cemetary)
Gewerbe-, Industriegebiet (commercial area)
Dünen (dunes)
Gletscher, Watt (glacier, shallows)
Damm, Deich (embankment, dyke)
Staumauer (dam, groyne)
Autobahn (motorway)
Hauptstraße (main road)
untergeordnete Hauptstraße (secondary main road)
Nebenstraße (minor road)
Fahrweg (carriageway)
Fußweg (track)
Straße in Bau (road under construction)
Eisenbahn m. Bahnhof (railway with station)
Schmalspurbahn (narrow gage railway)
Höhenlinie 100m/50m (contour line)

Inhalt

Stadtpläne

Werse-Ems-Radweg

Der Werse-Radweg beginnt und endet jeweils an der Ems und wird als Werse-Ems-Radweg zu einer entspannenden Runde durch die Münsterländer Tieflandsbucht, die Sie vorbei an drei ehemaligen Landesgartenschauen führt.
Er bewegt sich in drei Teilen im Süden des Kreises Warendorf.
Zunächst geht es leicht hinauf zum Quellgebiet bei Beckum, dann folgt

der Weg dem stetig wachsenden Fluss mit einem Abstecher in die Stadt Hamm bis zu seiner Mündung in die Ems. Zum Teil folgt die Route direkt dem Ufer der Werse, dann wieder entfernt er sich und durchstreift die vom Fluss geprägte Landschaft. Der Werse-Radweg durchstreift dabei die sowohl von Landwirtschaft als auch Industriekultur geprägte und weitläufige Landschaft, berührt eine Zahl von Städten und Städtchen sowie eine ganze Reihe von Mühlen des Flusses. Oft geht es dicht am Wasser entlang, selbst beim Abstecher nach Hamm folgen Sie über lange Zeit dem Ufer des Datteln-Hamm-Kanals.

Nördlich von Münster treffen Sie beim Dortmund-Ems-Kanal mit seiner imposanten Wasserkreuzung auf den Ems-Radweg und folgen diesem nun flussaufwärts. Bis Rheda-Wiedenbrück umwirbt der Radweg den Fluss und verläuft teilweise auch direkt am Ufer, sehr schön vor allem im Bereich der Städte Telgte und Warendorf. So geht es auch entlang der Ems vorbei an sehenswerten Städtchen weitgehend flach über Felder und durch kleine Wälder.

Streckencharakteristik

Länge

Die Gesamtlänge der Radweg-Runde beträgt reichlich **200 Kilometer**, wobei ca. 60 % auf den Werse-Radweg entfallen, die restlichen 40 % auf den Ems-Radweg. Die zum Teil unkommentierten Varianten und Ausflüge haben eine Länge von knapp 50 Kilometern.

Wegequalität & Verkehr

Der Werse-Radweg ist hervorragend ausgebaut und ermöglicht Ihnen fast immer eine Reise fast ohne oder gänzlich frei von Verkehr. Auch der Ems-Radweg lässt sich ähnlich komfortabel befahren.

Meist verläuft die Route auf Radwegen oder ruhigen Landstraßen, zum großen Teil in unmittelbarer Wassernähe. Fast die gesamte Strecke ist sehr gut

zu befahren, egal ob auf Asphalt oder loser Wegedecke. Der Weg ist immer breit genug für einen Fahrradanhänger. Zudem ist der Großteil der Route nahezu autofrei, verkehrsreiche Strecken gibt es sehr selten und dann nur punktuell.
Im ersten Teil bietet die Landschaft bis Beckum einige moderate Steigungen, dann geht es bis Ahlen leicht hinab und für den Rest der Runde auf etwa gleichem Höhenniveau.
Mit all diesen Eigenschaften ist die gesamte Runde auch für Kinder bestens geeignet.

Beschilderung

Die hervorragende Beschilderung des Werse-Radweges ist in das regionale Radwegenetz integriert. An Kreuzungspunkten gibt es Wegweiser, die Orts- und Kilometerangaben beinhalten, jeweils darunter ist das quadratische Piktogramm des Werse-Radweges angebracht.

An der Werse

Auch der Ems-Radweg ist durchgehend mit seinem Logo ausgewiesen, wobei die Schilder teilweise als eigene Schilder oder als Einschübe an der regionalen Beschilderung erscheinen.
Beide Radwege verlaufen z. T. parallel mit anderen Radfernwegen.

Ausstattung

Der Werse-Radweg ist mit mehreren Aussichtstürmen ausgestattet, ferner weisen mehr als 30 Infoblöcke den Blick auf Details am Wegesrand.

An beiden Radwegen gibt es neben regelmäßig auftretenden Rastplätzen schmale Infosäulen, die die Orientierung erleichtern.

Tourenplanung

Zentrale Infostellen

pro Wirtschaft GmbH,
Herzebrocker Str. 140, 33334 Gütersloh, ✆05241/851083, Fax 05241/851084, www.pro-wirtschaft-gt.de
Münsterland e. V.,
Hültruper Heide 71-81, 48268 Greven, ✆ 02551/939291, Fax 02551/939293, www.muensterland-tourismus.de
Touristische Arbeitsgemeinschaft „Parklandschaft Kreis Warendorf",
Waldenburger Str. 2, 48231 Warendorf, ✆ 02581/536142, Fax 02581/536199, www.kreis-warendorf.de

An- & Abreise

Mit der Bahn

Der Start- und Zielort Rheda-Wiedenbrück ist von vielen deutschen Städten mit einmaligem Umsteigen zu erreichen. Zudem sind die meisten Städte an der Strecke ans Netz der Deutschen Bundesbahn angeschlossen. Aufgrund der sich ständig ändernden Preise und Bedingungen für Fahrradtransport bzw. -mitnahme empfehlen wir Ihnen, sich bei nachfolgenden Infostellen über Ihre ganz persönliche Anreise mit der Bahn zu informieren.

Informationsstellen:

Radfahrer-Hotline Deutschland:
✆ 01805/151415 (€ 0,14/Min.), Mo-So 8-20 Uhr, Infos über Fahrradmitnahme, -vermietung oder -versand

Reise Service: ✆ 0180/5996633 (€ 0,14/Min. aus dem Festnetz, Tarif bei Mobilfunk ggf. abweichend), Mo-So 8-20 Uhr, Auskünfte über Zugverbindungen, Fahrpreise im In- und Ausland, Buchung von Tickets und Reservierungen, www.bahn.de/bahnundbike

Blick von den Beckumer Bergen

Automatische DB-Fahrplanauskunft:
✆ 0800/1507090 (gebührenfrei aus dem Festnetz), ✆ 01805/221100 (€ 0,14/Min. aus dem Mobilfunknetz)

ADFC: weitere Infos und aufgeschlüsselte Einzelverbindungen unter www.adfc.de/bahn

Hermes-Privat-Service:
(✆ 0900/1311211 € 0,60/Min.)
www.hermes-logistik-gruppe.de

Unter der Rubrik „Paketservice" erfahren Sie die genauen Zustellzeiten und die aktuellen Preise für den Fahrradversand.

Bus & Bahn im Münsterland, www.bus-und-bahn-im-muensterland.de

An- und Abreise mit dem Auto

Reisen Sie mit dem Auto an, können Sie dieses in Rheda auf dem Parkplatz Am Werl direkt am Startpunkt abstellen. Darüber hinaus gibt es am Bahnhof ein kostenpflichtiges Parkhaus. Auch im Stadtgebiet ist das Parken an den meisten Stellen erlaubt.

Rad & Bahn

Bis auf Beckum und Harsewinkel sind alle Städte der Runde ans Bahnnetz angeschlossen, Sie können also nach Belieben umsteigen bzw. abkürzen.

Übernachtung

Bei unseren Recherchen haben wir eine größtmögliche Auswahl für Sie zusammengestellt. Für alle, die Alternativen oder einfach noch mehr Anbieter suchen, gibt es nachfolgende Internet-Adressen, die auch Beherbergungen der etwas anderen Art anbieten:

Der ADFC-Dachgeber funktioniert nach dem Gegenseitigkeitsprinzip: Hier bieten Radfreunde anderen Tourenradlern private Schlafplätze an. Mehr darüber unter www.dachgeber.de.

Das **Deutsche Jugendherbergswerk** stellt sich unter www.djh.de mit seinen vierzehn Landesverbänden vor.

Auch die Naturfreunde bieten mit ihren **Naturfreundehäusern** eine Alternative

Datteln-Hamm-Kanal

zu anderen Beherbergungsarten an, mehr unter www.naturfreunde.de.

Unter www.camping-in.de oder www.campingplatz.de finden Sie flächendeckend den **Campingplatz** nach Ihrem Geschmack.

Weiterhin bietet **Bett & Bike** unter www.bettundbike.de zusätzliche Informationen zu den beim ADFC gelisteten Beherbergungsbetrieben in ganz Deutschland.

Reisezeit

Die Runde an Werse und Ems bietet zu jeder Jahreszeit ihren eigenen Reiz und dürfte selbst zu Ferienzeiten nicht überlaufen sein.

Mit Kindern unterwegs

Da die Radtour nur wenige Steigungen hat und fast ausschließlich auf Radwegen und ruhigen Straßen verläuft, empfiehlt sie sich bestens für mitfahrende Kinder ab ca. 8 Jahren.

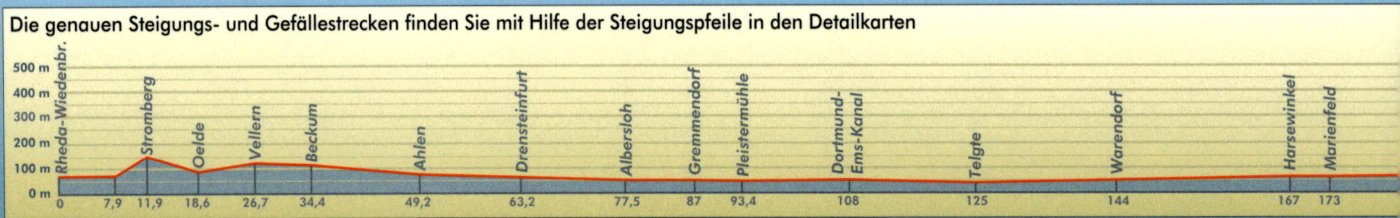

Das Rad für die Tour

Die beschriebene Tour kann mit nahezu jedem normal ausgestatteten Fahrrad bewältigt werden, mehr als ein Gang ist jedoch nicht von Nachteil.

Den besten Komfort bieten Reiseräder mit einer auf Ihre Körpergröße abgestimmten Rahmenhöhe. Diese Räder gewährleisten auch bei großer Beladung des Rades einen ruhigen Lauf und sind mit guten Bremsen, einer Schaltung mit großem Übersetzungsbereich und stabilen Gepäckträgern vorne und hinten zur gleichmäßigeren Gewichtsverteilung ausgestattet. Auch ein stabiler Fahrradständer ist wichtig, vor allem wenn Sie Gepäck auf dem Fahrrad mitführen.

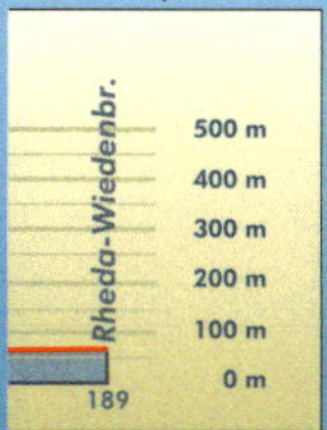

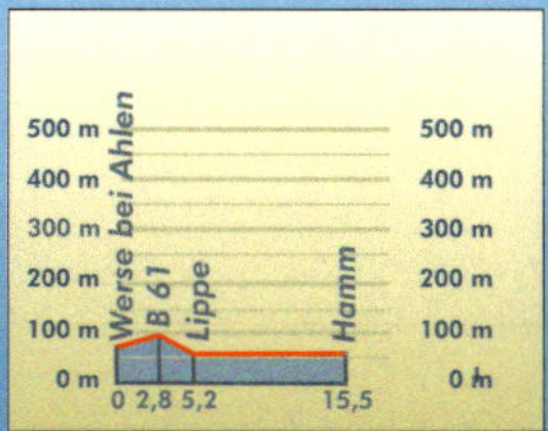

Auf dem Lippedeich

Für einen unbeschwerten Radurlaub sollte auf jeden Fall ein Fahrradcheck vor der Tour erfolgen.

Versuchen Sie, vor der Abreise eine bequeme Sitzposition auf Ihrem Rad zu finden, wobei Sie dem Sattel besonderes Augenmerk schenken sollten. Bei richtiger Sattelneigung und Sitzposition können schmerzvolle Erfahrungen vermieden werden.

Sie sollten die Bereifung der Tour entsprechend anpassen. Je mehr unbefestigte Wege zu bewältigen sind, desto breiter und profilierter sollte die Bereifung ausfallen. Viele asphaltierte Strecken erlauben hingegen auch schmalere Reifen. Hinweise zur Oberfläche der Wege und zu den Steigungen finden Sie in diesem bikeline-Radtourenbuch in der Einleitung und auf den Abschnittsseiten.

Auch einen Kartenhalter oder eine Lenkertasche werden Sie auf Ihrer Tour sehr gut brauchen können. Wasserdichte und somit auch staubdichte Hinterradtaschen mit einem unkomplizierten Befestigungssystem erweisen sich bei längerer Fahrt als zweckmäßig. Achten Sie auch auf genügend Möglichkeiten, Trinkflaschen an Ihrem Rad zu befestigen.

Rastplatz bei Beckum

Und da selbst das beste Fahrrad vor Pannen nicht gefeit ist, empfiehlt es sich, immer eine kleine Fahrradapotheke mitzuführen. Eine Grundausstattung an Werkzeug und Zubehör sollte folgende Teile beinhalten: Ersatzschlauch und/oder Flickzeug, Kompaktwerkzeug, Luftpumpe, Brems- und Schaltseil, Öl, Ersatzkettenniete und einen Putzlappen. Details zu all diesen Fragen klären Sie am besten mit Ihrem Fahrradhändler und überlassen den Service im Zweifelsfall dem Profi.

Bekleidung

Für eine gelungene Radtour ist die Bekleidung ein wichtiger Faktor. Der Markt für Outdoorbekleidung aus verschiedensten Materialien ist mittlerweile unübersehbar, deswegen hier nur einige Grundregeln.

Bei der Pleistermühle

In erster Linie gilt das „Zwiebelprinzip": Mehrere Schichten erfüllen verschiedene Funktionen und lassen sich separat tragen und vielfältig kombinieren. Die unterste Schicht soll Schweiß vom Körper weg führen, darüber folgen bei Bedarf eine wärmende Schicht und zuletzt die äußerste Hülle, die Wind und Regen abhalten, trotzdem aber dampfdurchlässig sein soll.

Als Materialien kommen entweder Kunstfasern (leicht, wenig Feuchtigkeitsaufnahme) oder hochwertige Wolle (etwas schwerer, wärmt aber auch im nassen Zustand und

nimmt kaum Geruch an) in Frage, Baumwolle ist als Sportbekleidung generell ungeeignet (nimmt viel Feuchtigkeit auf und braucht sehr lange zum Trocknen).
Nicht sparen sollte man bei der Radhose, ein guter Sitzpolster ist hier entscheidend. Sie sollte ohne Unterwäsche getragen und jeden Abend im Quartier gewaschen werden.

Radreiseveranstalter

Eurobike
Mühlstr. 20, A-5162 Obertrum am See, ✆ 0043/6219/7444, Fax: (0)6219/8272, eurobike@eurobike.at, www.eurobike.at

Kuhn-Touristik
Karl-Wagenfeld-Pl. 7, 59227 Ahlen, ✆ 02382/940685 oder /84441, Fax: 02382/8086156, info@kuhn-touristik.de, www.dynamotouren.de

Zu diesem Buch

Am Ems-Radweg

Dieser Radreiseführer enthält alle Informationen, die Sie für den Radurlaub entlang von Werse und Ems benötigen: Exakte Karten, eine detaillierte Streckenbeschreibung, ein ausführliches Übernachtungsverzeichnis, Stadt- und Ortspläne und die wichtigsten Informationen zu touristischen Attraktionen und Sehenswürdigkeiten.
Und das alles mit der ***bikeline*-Garantie**: die Routen in unseren Büchern sind von unserem professionellen Redaktionsteam vor Ort auf ihre Fahrradtauglichkeit geprüft worden. Um höchste Aktualität zu gewährleisten, nehmen wir nach der Befahrung Korrekturen von Lesern bzw. offiziellen Stellen bis Redaktionsschluss entgegen, die dann jedoch teilweise nicht mehr an Ort und Stelle verifiziert werden können.
Die Radtour ist nicht in Tagesetappen sondern in logische Abschnitte aufgeteilt, weil die Tagesleistung zu sehr davon abhängt, wie sportlich oder genussvoll Sie die Strecke in Angriff nehmen möchten.

Die Karten

Die Detailkarten sind im Maßstab 1 : 50.000 erstellt. Dies bedeutet, dass 1 Zentimeter auf der Karte einer Strecke von 500 Metern in der Natur entspricht. Zusätzlich zum genauen Routenverlauf informieren die Karten auch über die Beschaffenheit des Bodenbelages (befestigt oder unbefestigt), Steigungen (leicht oder stark), Entfernungen sowie über kulturelle, touristische und gastronomische Einrichtungen entlang der Strecke.

Allerdings können selbst die genauesten Karten den Blick auf die Wegbeschreibung nicht ersetzen. Komplizierte Stellen werden in der Karte mit diesem Symbol ⚠ gekennzeichnet, im Text finden Sie das gleiche Zeichen zur Markierung der betreffenden Stelle wieder. Beachten Sie, dass die empfohlene Hauptroute immer in Rot und Violett, Varianten und Ausflüge hingegen in Orange dargestellt sind. Die genaue Bedeutung der einzelnen Symbole wird in der Legende auf den Seiten 4 und 5 erläutert.

Höhen- und Streckenprofil

Das Höhen- und Streckenprofil gibt Ihnen einen grafischen Überblick über die Steigungsverhältnisse, die Länge und die wichtigsten Orte entlang der Radroute. Es können in diesem Überblick nur die markantesten Höhenunterschiede dargestellt werden, jede einzelne kleinere Steigung wird in dieser grafischen Darstellung nicht berücksichtigt. Die Steigungs- und Gefälleverhältnisse entlang der Route finden Sie im Detail mit Hilfe der Steigungspfeile in den genauen Karten.

Mündung der Werse in die Ems

Der Text

Der Textteil besteht im Wesentlichen aus der genauen Streckenbeschreibung, welche die empfohlene Hauptroute enthält. Stichwortartige Streckeninformationen werden, zum leichteren Auffinden, von dem Zeichen ~ begleitet.

Unterbrochen wird dieser Text gegebenenfalls durch orangefarbige Absätze, die Varianten und Ausflüge behandeln.

Ferner sind alle wichtigen **Orte** zur besseren Orientierung aus dem Text hervorgehoben. Gibt es interessante Sehenswürdigkeiten in einem Ort, so finden Sie unter dem Ortsbalken die jeweiligen Adressen, Telefonnummern und Öffnungszeiten.

Die Beschreibung der einzelnen Orte sowie historisch, kulturell oder naturkundlich interessanter Gegebenheiten entlang der Route tragen zu einem abgerundeten Reiseerlebnis bei. Diese Textblöcke sind kursiv gesetzt und unterscheiden sich dadurch auch optisch von der Streckenbeschreibung.

TIPP Textabschnitte in Violett heben Stellen hervor, an denen Sie Entscheidungen über Ihre weitere Fahrstrecke treffen müssen, z. B. wenn die Streckenführung von der Wegweisung abweicht oder mehrere Varianten zur Auswahl stehen u. ä.

Sie weisen auch auf Ausflugstipps, interessante Sehenswürdigkeiten oder Freizeitaktivitäten etwas abseits der Route hin.

Übernachtungsverzeichnis

Auf den letzten Seiten dieses Radtourenbuches finden Sie zu fast allen Orten entlang der Strecke eine Vielzahl von Übernachtungsmöglichkeiten vom einfachen Zeltplatz bis zum 5-Sterne-Hotel.

Von Rheda-Wiedenbrück nach Ahlen

48,6 km

Der erste Abschnitt der Rundtour an Werse und Ems führt Sie zunächst über Städtchen und Gehöfte zum Quellgebiet der Werse, ausgehend von der reizvollen Doppelstadt Rheda-Wiedenbrück mit ihren beiden Ortskernen und der ersten Landesgartenschau der Tour. Zwischen Stromberg und Beckum passieren Sie das einzige Hügelland der Runde mit weiten Sichten übers Land.

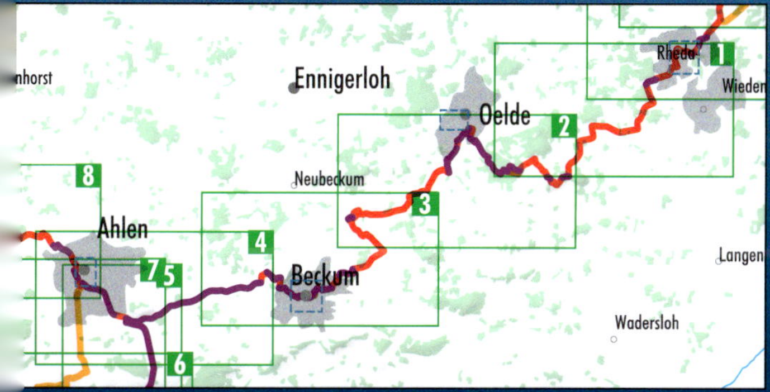

Beim Vier-Jahreszeiten-Park treffen Sie in Oelde auf die zweite Landesgartenschau. In Beckum begegnet Ihnen erstmals die hier noch sehr zarte Werse. Dicht am Flüsschen fahren Sie vorbei an der alten Zeche bis nach Ahlen hinein.

Die Radroute verläuft auf ruhigen Straßen und Radwegen, fast ausschließlich mit sehr wenig oder ohne Verkehr. Zwei kleinere Steigungen, die einzigen der gesamten Runde, liegen jeweils vor Stromberg und Beckum.

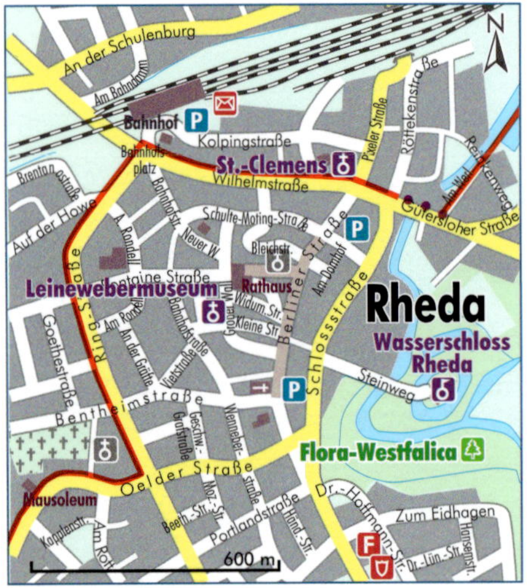

Von Rheda-Wiedenbrück nach Oelde 18,6 km

Der erste Teil des Werse-Radwegs führt Sie von der Ems in Rheda-Wiedenbrück zum Quellgebiet der Werse bei Beckum. Sie beginnen Ihre Tour im Ortsteil Rheda bei der Schautafel am Startpunkt des Werse-Radwegs. Diese befindet sich dort, wo die Werlstraße auf die Gütersloher Straße trifft.

TIPP Wenn Sie mit der Bahn angereist sind, können Sie Ihre Tour auch direkt am Bahnhof starten.

Rheda

PLZ: 33378; Vorwahl: 05242

- **Flora Westfalica**, Mittelhegge 11, ✆ 93010, www.flora-westfalica.de
- **Leinewebermuseum**, Kleine Str. 11, ✆ 47335, ÖZ: Di-Fr 10-12, 14-18 Uhr, Sa, So 10-18 Uhr. Museumsgarten mit Café. Zu sehen sind alte Trachten sowie früheres Arbeitsgerät. Altes Handwerk lässt sich hier erleben.
- **St. Clemens** (1910). Im neuromanischen Stil errichtet. Im Innern befinden sich u. a. eine Kalvarienbergdarstellung (ca. 1470) und eine Muttergottesstatue aus Holz (ca. 1510).
- **Wasserschloss Rheda** (ca. 12. Jh.), Steinweg, ✆ 94710, ÖZ: n. V. Führungen, Kutschenmuseum, Spielzeugsammlung und Künstlerwerkstatt Bleichhaus.
- Die **Altstädte** beider Ortsteile sind nicht nur der vielen restaurierten Fachwerkhäuser wegen einen Besuch wert.

- **Stadtführungen**, Schloss- und Orgelführungen, Info unter ✆ 930116
- **Flora-Westfalica-Park**. Der knapp 3 km lange Park auf dem ehemaligen Gartenschaugelände bietet zahlreiche Freizeitangebote, darunter einen Wasserspielplatz und einen Seilzirkus. Auf dem Gelände befindet sich auch ein Erlenbruchwald.

Die beiden Städte Rheda und Wiedenbrück wurden 1970 vereinigt. Wiedenbrück ist die ältere der beiden. Sie erhielt 952 durch Otto I. das Münz-, Markt- und Zollrecht, bereits 785 vermutet man hier die erste Kirche. Während in Wiedenbrück die sogenannten Fachwerk-Ackerbür-

gerhäuser überwiegen, das älteste erhaltene stammt aus dem Jahr 1468, ist Rheda von unterschiedlichsten Baustilen geprägt. Besonders sticht hier das Wasserschloss der Familie Bentheim-Tecklenburg hervor, in dem auch das Kutschenmuseum beheimatet ist. Die Stadtrechte erhielt Rheda im Jahre 1355, wobei es schon ca. 130 Jahre vorher als Burgflecken angelegt wurde. Die Industriestadt ist Rheda-Wiedenbrück nicht anzusehen, obwohl viele namhafte Firmen ansässig sind und damit für einen gewissen Wohlstand sorgen. Es lohnt sich, einen ausgedehnten Spaziergang durch die Doppelstadt zu unternehmen und die vielen interessanten Inschriften an und vor den wunderschönen Fachwerkhäusern zu studieren.

Ausblick gen Wiedenbrück

Landesgartenschau Rheda-Wiedenbrück

1988 fand zwischen Rheda und Wiedenbrück die Landesgartenschau statt. Diese hinterließ einen ca. 2,5 Kilometer langen Natur- und Erholungspark, der zur Erholung geradezu einlädt. Der weitläufige Landschaftspark in den Emsauen beiderseits der Autobahn wird heute Flora Westfalica genannt. Auf einem Teil des Geländes befinden sich auch Schlosspark und Schlossgarten Rheda, die zum Teil für die Öffentlichkeit zugänglich sind.

Wiedenbrück

PLZ: 33378; Vorwahl: 05242

Flora Westfalica, Mittelhegge 11, ✆ 93010, www.flora-westfalica.de

Museum Wiedenbrücker Schule, Hoetger-Gasse 1, ✆ 3785526 oder 930116. Im Mittelpunkt stehen Exponate zur Stadt- und Wirtschaftsgeschichte.

St. Aegidius, Kirchpl. 6, erstmals gegründet 785. Die heutige Kirche stammt aus dem Jahre 1502.

Franziskanerkloster (1667)

Haus Nottbeck

Von der Straße **Am Werl** am Parkplatz rechts auf die mittelmäßig befahrene **Gütersloher Straße**, zunächst auf einem Radweg ⇝ über die Ems, dann ohne Radweg ⇝ weiter auf der **Wilhelmstraße** vorbei an der **St. Clemens-Kirche** ⇝ am Kreisverkehr vor dem **Bahnhof** nehmen Sie die dritte Ausfahrt, dann dem Linksbogen der **Ringstraße** folgen ⇝ am Kreisverkehr über die **Fontainestraße** geradeaus und durch das Wohngebiet ⇝ an der Kreuzung mit der **Oelderstraße** rechts und deren kurvigen Verlauf folgen ⇝ am Ende der Bebauung auf den Radweg ⇝ ca. 500 m später links in die Straße **An der Radheide** durch Wald und Felder ⇝ über die **A 2** und ca. 200 m später rechts in die Straße **Wieksweg** und entlang verstreut liegender Gehöfte ⇝ in einer S-Kurve über den Hamelbach ⇝ wenig später rechts auf die **Rintroper Straße**, Haus Nottbeck ist bereits ausgeschildert ⇝ auf der asphaltierten Straße nochmals über den Hamelbach ⇝ links in die **Rintroper Straße** und ein letztes Mal über den Hamelbach.

Haus Nottbeck

Kulturgut Haus Nottbeck – Museum für westfälische Literatur, Landrat-Predeick-Allee 1, Stromberg, ✆ 945590, ÖZ: Di-Fr 14-18 Uhr, Sa, So/Fei 11-18 Uhr. Café Sa, So/Fei 4-18 Uhr. Im ehemaligen Rittergut lassen sich Landschaft, Musik und Geschichte erleben. Hier mischt sich die bäuerliche Umgebung mit einem herrschaftlichen Hauch, und hier können Sie auf alle erdenklichen Weisen in die westfälische Literatur eintauchen. Zudem ist imKulturhaus auch eine Musik- und Theaterwerkstatt beherbergt. Wechselnde Veranstaltungen und Konzerte.

Bei Haus Nottbeck

Vorbei am Haus Nottbeck und einem schönen **Rastplatz** ⇝ hinter dem **Parkplatz** der Rechtskurve folgen ⇝ bei der T-Kreuzung links vor dem Wald entlang, dann in einigen Kurven sanft bergauf ⇝ unter Telegrafenleitungen hindurch ⇝ oben angekommen an ein paar Häusern vorbei ⇝ an der T-Kreuzung rechts ⇝ auf den Radfahrstreifen und nach **Stromberg** hinein.

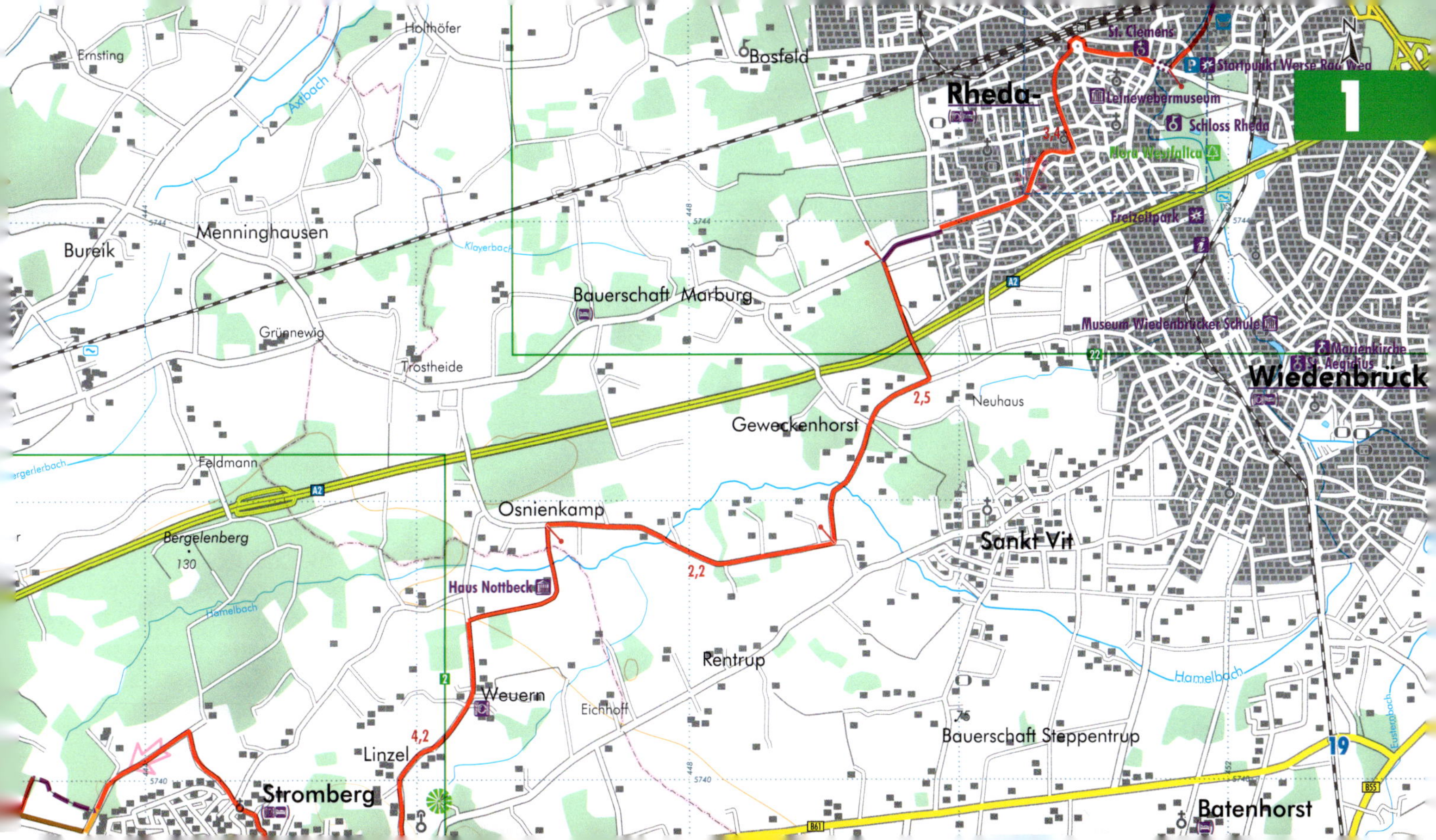

1
Rheda-
Wiedenbrück
St. Clemens
Startpunkt Werse Rad Weg
Leinewebermuseum
Schloss Rheda
Flora Westfalica
Freizeitpark
Museum Wiedenbrücker Schule
Marienkirche
St. Aegidius
Holthöfer
Ernsting
Bosfeld
Axlbach
Menninghausen
Bureik
Klayerbach
Bauerschaft Marburg
Grünnewig
Trostheide
A2
22
Neuhaus
Geweckenhorst
Feldmann
Bergelerbach
Osnienkamp
Bergelenberg
130
Sankt Vit
Haus Nottbeck
Hamelbach
Rentrup
Weuern
Eichhoff
Linzel
Bauerschaft Steppentrup
Stromberg
Batenhorst
19
B55
B61
3,4
2,5
2,2
4,2
2

Stromberg

PLZ: 59302; Vorwahl: 02529

- Pfarrkirche **St. Lambertus** (12. Jh.), gotische Kirche mit quadratischem Kirchenraum. Mit spätgotischem Sakramentshäuschen und barockem Orgelprospekt. Die Glocken, z. T. aus dem 18. Jh., werden noch von Hand geläutet.
- **Wallfahrtskirche Heiliges Kreuz** (13. Jh.). Die turmlose gotische Hallenkirche steht inmitten der Burganlage und beherbergt das vielverehrte Gnadenbild des Heiligen Kreuzes von Stromberg. Auch heute noch findet regelmäßig die Stromberger Wallfahrt statt, deren Wurzeln bereits im Anfang des 13. Jhs. liegen.

Bei Stromberg

- **Burgruine Stromberg** (12. Jh.) mit Burgplatz, Amtsplatz und Paulusturm. Strategisch sinnvoll auf den Beckumer Bergen errichtet, ist sie die einzige Höhenburg des Münsterlandes.
- **Mallinckrodthaus** (16. Jh.) am Rand des Burgplatzes, Westfalens ältestes Burgmannshaus. Das in die Burgmauer integrierte spätgotische Haus mit Zugang zum Wehrgang wurde in den 1970er Jahren in seinen Urzustand zurückversetzt. Innen gibt es einen großen Saal mit Kamin.
- Auf der **Burgbühne Stromberg** finden – seit 1925 – Freilichtspiele statt, derzeit jeweils zwischen Mai und September. Diese werden auf den Stufen der Kreuzkirche aufgeführt.
- **Alte Vikarie**, Münsterstr. 37

Vom Ortseingang haben Sie eine wunderbare Aussicht auf das vorgelagerte Flachland ~ direkt nach dem Ortseingang links abzweigen auf die Straße **Wiedebrücker Tor**, dann dem Rechtsbogen folgen ~ vor der Sparkasse am Bäckerei-Café links in die **Daudenstraße** ~ folgen Sie kurz darauf der durchs Stadtzentrum führenden Rechtskurve ~ an der Vorfahrtstraße kurz vor der Kleinen Kapelle geradeaus und dem Linksbogen folgen, kurz darauf rechts in die Straße **Zum Kreuzweg** ~ in einer leichten S-Kurve den Ort verlassen ~ an der T-Kreuzung links in die kleine Straße ~ über Felder und in einem leichten Linksknick kurz in den Wald ~ noch vor dem Waldrand rechts auf den kleinen Kiesweg in den Wald und dessen Verlauf folgen.

Hinter Stromberg

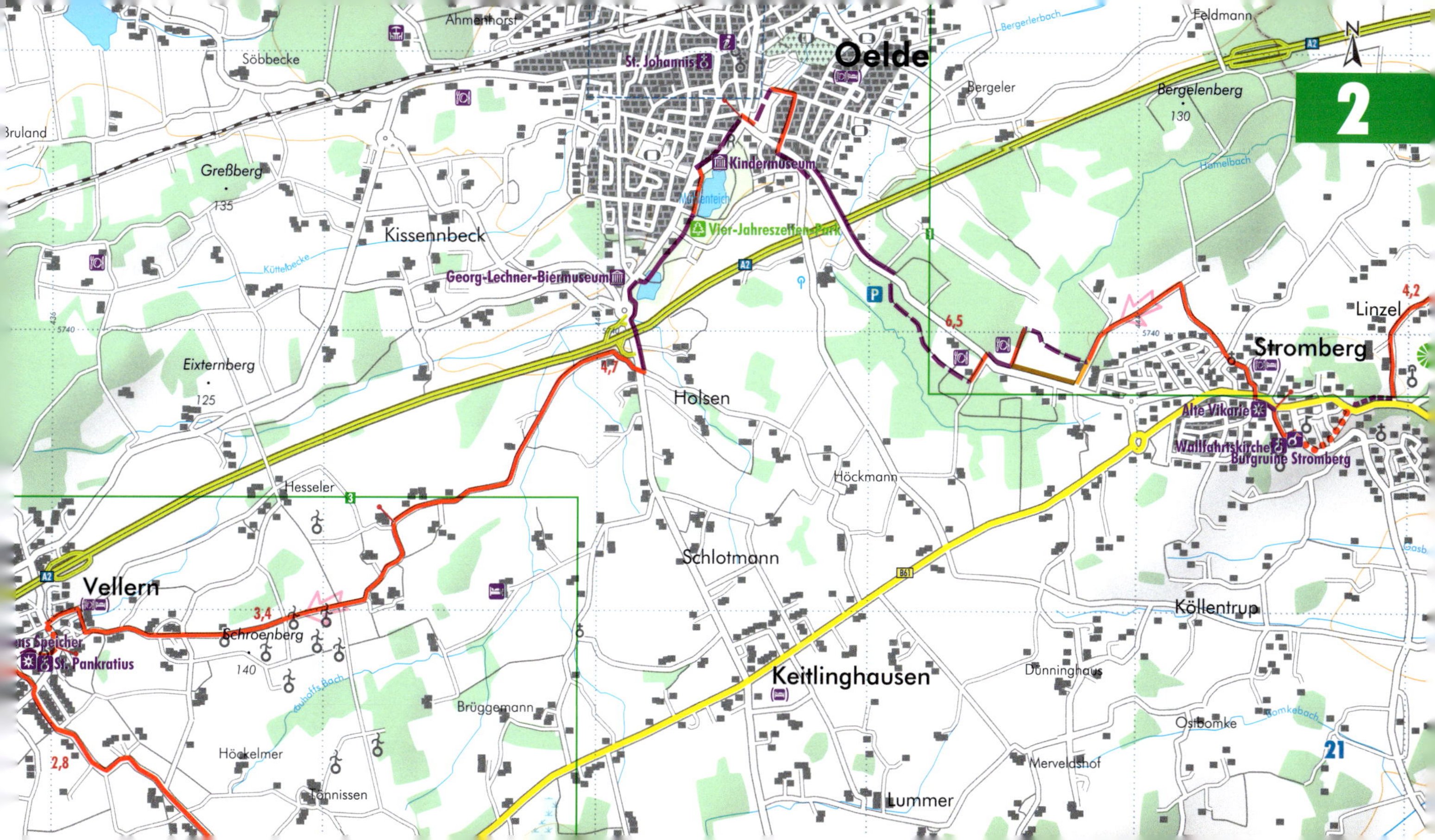
Oelde
2
Ahmenhorst
Söbbecke
St. Johannis
Feldmann
Bergelerbach
Bergeler
Bergelenberg
130
Bruland
Greßberg
135
Kindermuseum
Mühlenteich
Vier-Jahreszeiten-Park
Hamelbach
Kissennbeck
Küttelbecke
Georg-Lechner-Biermuseum
A2
4,2
Linzel
6,5
Stromberg
Eixternberg
125
4,7
Holsen
Alte Vikarie
Wallfahrtskirche
Burgruine Stromberg
Hesseler
3
Höckmann
Schlotmann
Vellern
B61
3,4
Schroenberg
140
Köllentrup
St. Pankratius
Keitlinghausen
Dünninghaus
Brüggemann
Ostbomke
Bomkebach
Höckelmer
2,8
21
Merveldshof
Tönnissen
Lummer

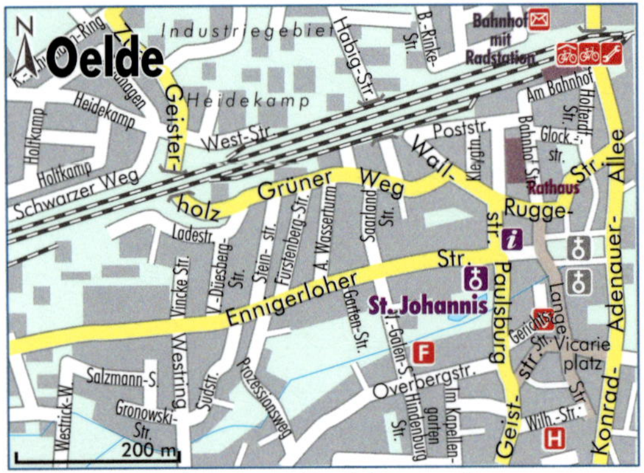

TIPP Alternativ können Sie hier auch geradeaus und dann rechts über den asphaltierten Radweg der L 792 fahren.

Auf dem Kiesweg bis zur Landstraße beim Gasthaus Waldeslust und dort rechts ~ kurz darauf links in die hervorragende kleine Forststraße ~ kurz darauf beim Rastplatz rechts in den gekiesten Radweg ~ am kleinen Wanderparkplatz aus demWald und an der recht befahrenen **L 792** links ~ über die Autobahn und im leichten Linksbogen nach **Oelde** hinein.

Oelde

PLZ: 59302; Vorwahl: 02522

FORUM Oelde, Herrenstr. 9, ✆ 7280-0, www.oelde.de

Georg-Lechner-Biermuseum in der Pott's Brauerei, ✆ 0179/5493859, ÖZ: 11-19 Uhr. Mit gläserner Brauerei, Brau- und Backhaus und Gesaris-BrunnenKino.

Kindermuseum KLIPP KLAPP im Vier-Jahreszeiten-Park, ✆ 72822, ÖZ: Mi 14-18 Uhr, Sa, So/Fei 10-18 Uhr. Hier dürfen Kinder mitmachen, alles ausprobieren und erforschen. Alles rund um die Wassermühle.

Gotische **St.-Johannis-Pfarrkirche** mit charakteristischem Kirchturm ohne Spitzdach.

Vier-Jahreszeiten-Park (ehem. Landesgartenschau 2001), Konrad-Adenauer-Allee 20, ✆ 938901, ÖZ: 9.30-19 Uhr. Mit Parkbad, Konzertbühne und vielen Spielplätzen.

Radstation Oelde, Am Bahnhof 2, ✆ 938697

Landesgartenschau Oelde

Was in Oelde im Jahre 2001 mit „Blütenzauber und Kinderträumen" begann, übernahm später der Vier-Jahreszeiten-Park, denn die Anlage ist wirklich zu jeder Jahreszeit eine sehenswerte Attraktion. Hier mischen sich auf spannende Weise Idylle und Erlebnis, unterstützt durch zahlreiche Einrichtungen wie Kindermuseum und Spielplätze, aber auch Konzertbühne und Parkbad und schließlich abgerundet durch gastronomische Angebote. Für Kinder aller Alters- und Interessengruppen

Im Vier-Jahreszeiten-Park, Oelde

Auf dem Werse-Radweg

finden sich hier die unterschiedlichsten Spielplätze, die Abenteuer pur anbieten.
Durch die Landschaftstrilogie Aue–Park–Gärten wurde die historische Mitte der Stadt auf einem grünen Streifen mit der A 2 verbunden. Die mit fast 2,25 Millionen Besuchern bisher erfolgreichste Landesgartenschau in Nordrhein-Westfalen übertraf damit sogar jene in Rheda-Wiedenbrück im Jahre 1988.
Der Faszination halben seien hier noch einige Zahlen genannt: neben 22.000 Gehölzen, 7.500 Bäumen und knapp 15.000 Sträuchern wurden 337.000 Stauden und 775.000 Blumenzwiebeln gepflanzt, darüber hinaus 85.000 Frühjahrs- und Sommerblumen.

Landesgartenschauen in Deutschland

Landesgartenschauen gibt es in Bundesländern von Deutschland und Österreich. Sie sind hierzulande das kleinere Gegenstück zur im Turnus von zwei Jahren stattfindenden Bundesgartenschau, in der zusätzlich auch der Bereich Landschaftsarchitektur berücksichtigt wird. In manchen Bundesländern gibt es fast jedes Jahr eine Landesgartenschau.
Während die Wurzeln der Bundesgartenschauen bereits vor 1900 zu finden sind, gibt es die Ausstellungen der Länder zum Gartenbau noch nicht allzulange. Zunächst wurden in den 70er Jahren in Nordrhein-Westfalen und ab 1980 auch in Bayern und Baden-Württemberg erste Ausstellungen umgesetzt, später übernahmen weitere Bundesländer das Modell.
Zweck einer Landesgartenschau ist unter anderem, sowohl die Lebensqualität als auch das ökologische Klima in Stadtbereichen positiv zu beeinflussen, jedoch auch die Attraktivität von Standorten langfristig zu erhöhen und damit strukturfördernd zu wirken. Aus diesem Grund besteht häufig ein Kontrast zwischen dem Reiz der Landschaft, in der eine Landesgartenschau umgesetzt wird, und der Farbenpracht und Schönheit einer solchen Ausstellung,

Hinter der Kirche, Vellern

die im besten Falle die Gegebenheiten der Region optimal einbezieht. Dieses Phänomen ist z. B. in Hamm auf spannende Weise zu beobachten.

Als positiver Nebeneffekt gelangen durch die mehrere Monate währende Veranstaltung auch bislang eher wenig bekannte Regionen überregional in aller Munde. Bis heute gab es bereits in weit über 100 Städten bzw. Regionen Deutschlands Landesgartenschauen.

Von Oelde nach Beckum 15,5 km

Kurz darauf rechts in die **Goethestraße** und durch Einfamilienhäuser ⤳ an der T-Kreuzung mit der Straße **Zur dicken Linde** links ⤳ links in die Straße **In den Wellen** und gleich

St. Pankratius-Kirche Vellern

rechts in den kleinen Weg entlang des **Axtbaches** ⤳ bis zur Hauptstraße, dort rechts über die Brücke und bis zur Ampel ⤳ dort an der T-Kreuzung links ⤳ an der nächsten Ampel geradeaus über die Straße Am Kalverkamp ⤳ nach 350 m der Beschilderung folgend leicht links abbiegen ⤳ am Zaun des zum Besuch einladenden **Vier-Jahreszeiten-Parks** entlang ⤳ an der rechts abbiegenden Straße leicht links versetzt geradeaus weiter am Gelände des Parks entlang ⤳ der asphaltierte Weg verlässt den Park am Ausgang ⤳ hier links und auf dem Radweg bleiben ⤳ beim **Kreisverkehr** links und unter der Autobahn hindurch ⤳ direkt dahinter die Straße überqueren, rechts in den **Lüringenweg**, rechts sehen

In Vellern

Sie den Landesgartenschau-Würfel ⤳ kurz entlang der Autobahn ⤳ über das Bächlein Werbecke und leicht hügelig weiter über Felder ⤳ wenig später über den Axtbach.

Lütke Dörhoff

Vorbei am Gehöft **Lütke-Dörhoff**, dahinter dem Straßenverlauf in der Rechtskurve folgen ⤳ an der Dreieckskreuzung folgen Sie dem Linksbogen der Straße, kurz darauf dem Rechtsbogen ⤳ vor den Windrädern leichter Rechtsbogen ⤳ vorbei am Schroenberg und leicht bergab entlang

Kurz vor Beckum

einer Birkenreihe ~ kurz nach dem Gehöft **Vedder** über den Mellenbach und nach **Vellern** hinein.

Vellern

PLZ: 59269; Vorwahl: 02521

- **St. Pankratius** (12. Jh.)
- **Golddorf Vellern**, Infos: AGVV, Lennebrockstr. 30, ✆ 28457. Die Ursprünge des Dorfes, das seinen mittelalterlichen Charakter bewahren konnte, gehen auf das 12. Jh. zurück. Zu besichtigen gibt es die sog. „Burg" mit Kirche, Speicher und Fachwerkhäusern aus dem 18. und 19. Jh.
- **Agnesens Speicher** bei der Kirche. Restaurierter Speicher der alten Burghofanlage im Dorfkern.
- **Kalkofen** im Dorfkern
- **Dorflinde**. Naturdenkmal vor der Kirche.

Bis in die Zeit der Kreuzritter reicht die Geschichte des Dorfes Vellern zurück. Damals wurde im heutigen Dorfkern eine Burganlage bewirtschaftet, heute der Hof der Agnesens. Dazu kam Ende des 12. Jahrthunderts die Kirche mit Wehrturm und Pfarrhaus. Beide bilden noch heute den Mittelpunkt des Ortes. Vor allem der Abbau von Kalkstein sorgte im 19. Jahrhundert und auch später für eine Art Blütezeit, fast alle Höfe betrieben seinerzeit Kalköfen.

Kurz nach dem Ortseingang rechts in die **Doktor-Sunder-Straße** und auf einem Brücklein über den Stichelbach ~ an der T-Kreuzung links und vorbei am Friedhof bis zur **Dorfstraße** ~ hier links, nochmal übers Bächlein und kurz danach rechts in die Einbahnstraße **An der Kirche**, die direkt hinter der **Kirche** entlanggeht ~ rechts an dieser vorbei und geradeaus in den kleinen Pfad zwischen Gärten hindurch ~ auf dem kleinen Sandweg dann am Bächlein entlang und bis zum **Elsternbergweg** ~ dort links und vor zur **K 45** ~ leicht rechts versetzt über die Straße und in die **Lennebrokstraße** hinein ~ durch ein kleines Wohngebiet ~ aus dem Ort hinaus und zwischen Feldern hindurch ~ bei dem einzelstehenden Haus folgen Sie der Linkskurve des Weges, gleich darauf der Rechtskurve ~ weiter

Im Erholungsgebiet

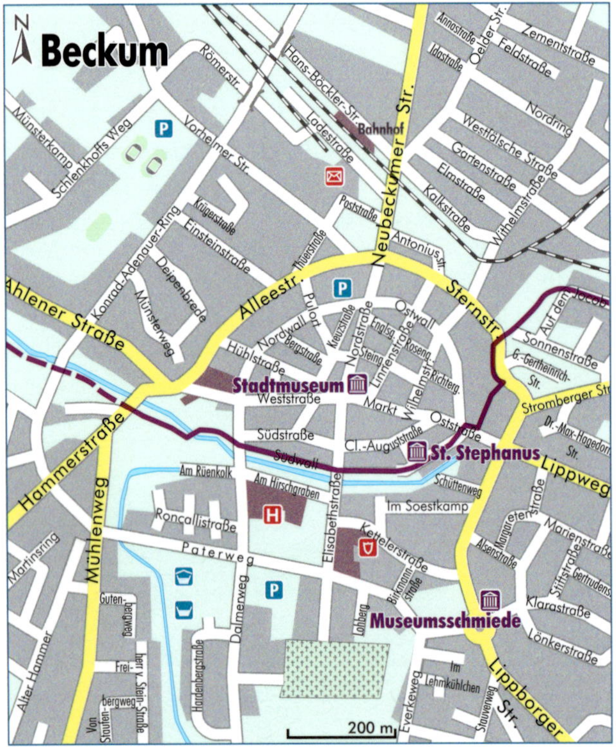

geradeaus durch lichte Landschaft ~ noch vor der Rechtskurve im leicht spitzen Winkel rechts in die kleine Straße ~ leicht links voraus sind Industrieanlagen zu sehen ~ weiter auf Schotter, zunächst leicht bergab ~ am Steinbruch vorbei ~ die Straße ist wieder leidlich befestigt ~ 250 m später links in den unbefestigten Radweg und durchs Erholungsgebiet ~ diesem bis zum **Wanderparkplatz** folgen.

An der Werse in Beckum

Beckum

PLZ: 59269; Vorwahl: 02521

- **Stadtmarketing Beckum GmbH**, Linnenstr. 14, ✆ 825725, www.beckum.de
- **Stadtmuseum im alten Rathaus**, Markt 1, ✆ 29264 od. 29266, ÖZ: Di-Fr, So 9.30-12.30 Uhr und 15-17 Uhr, Sa 15-17 Uhr. Dauerausstellungen zu Vor- und Frühgeschichte, Karneval und Wechselausstellungen über Moderne Kunst.
- **Museumsschmiede Galen**, Clemens-August-Str. 10, ✆ 3412 od. 6806, ÖZ: jeden 2. Sa im Monat 9-13 Uhr u. n. V. Im Jahr 2003 wurde hier eine historische Schmiede eingerichtet, die an jene von Johann Galen aus dem Jahr 1894 erinnert und Informationen über das alte Schmiedehandwerk liefert.
- **Propsteikirche St. Stephanus**. Sehenswert ist der Prudentiaschrein aus dem 13. Jh., Westfalens wertvollster Reliquienschrein.

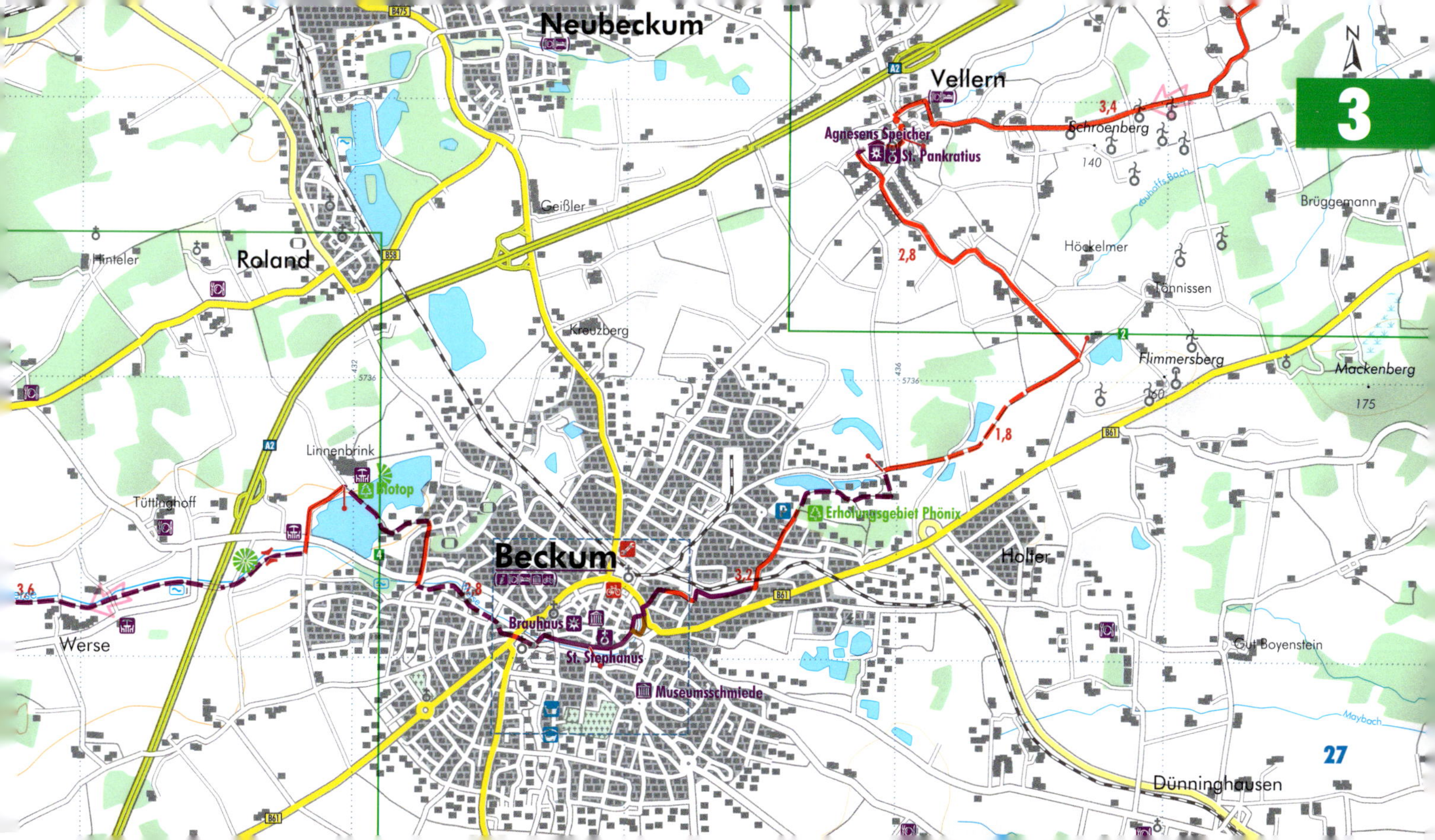
Neubeckum
Vellern
Agnesens Speicher
St. Pankratius
Schroenberg
3,4
140
Brüggemann
Geißler
Hinteler
Roland
Höckelmer
2,8
Tönnissen
Kreuzberg
Flimmersberg
Mackenberg
175
1,8
Linnenbrink
Biotop
Tüttinghoff
Erholungsgebiet Phönix
Beckum
Holter
3,6
3,2
Werse
Brauhaus
St. Stephanus
Museumsschmiede
Gut Boyenstein
Maybach
Dünninghausen
B475
A2
B58
B61
3

- Kreisständehaus, Weststraße. Das Haus mit seinen spitzen Türmen und den schmiedeeisernen Windfahnen auf dem Dach wurde in den Jahren 1886/87 errichtet.
- **Brauhaus Stiefel-Jürgens**, Hühlstr. 6, ✆ 3351. Älteste Brauerei Westfalens in der Innenstadt
- Der **alte Wehrturm** aus dem 15. Jh. ist der einzige erhaltene Teil der Befestigungsanlage. Diese Anlage bestand laut geschichtlicher Überlieferungen aus der Stadtmauer, einer doppelten Wallanlage, vier Stadttoren mit vorgelegeter Schanze und 22 Wehrtürmen. Im Turm sind die Heimatstube und eine Waffensammlung untergebracht.
- **Biotop Beckum** bei den ehemaligen Steinbrüchen westlich von Beckum. Faszinierend ist das türkisfarbene Wasser der Seen.
- **Erholungsgebiet Phönix** östlich der Stadt
- **Hallenbad Beckum**, Paterweg 4, ✆ 950361

St. Stephanus, Beckum

- **Freibad Beckum**, Dalmerweg 44, ✆ 950362
- **Beckumer Fahrradlager**, Linnenstr. 37, ✆ 10155
- **Zweirad-Center Bernd Schrage GmbH**, Oelder Str. 32, ✆ 6012

Von Beckum nach Ahlen 15,8 km

Am Wanderparkplatz geradeaus auf die **Rheinische Straße** und durchs Wohngebiet ~ über die **Zementstraße** geradeaus in die Sackgasse ~ durchs Drängelgitter und über die Gleise, direkt dahinter in den Pfad entlang des Siechenbaches ~ parallel zu den Gleisen bis zur **Windmühlenstraße**, dort links und kurz darauf wieder rechts in die kleine Straße **Auf dem Jakob** ~ im Linksbogen der Straße geradeaus in den schmalen Weg ~ kurz darauf durch ein Drängelgitter und links dem kleinen Weg entlang des Wersetales folgen; Sie treffen hier erstmals auf die **Werse**.

Die Werse

Wie der Heimatverein Beckum im Jahre 1934 mit über hundert seiner Mitglieder ermittelte, gibt es im angesetzten Gebiet eine ähnlich große Zahl von Quellen, deren sich jedoch keine eindeutig der Werse zuordnen lässt. Letztlich einigte man sich darauf, dass diese keine Quelle, sondern

Windräder am Weg

Rastplatz vor Beckum

ein Quellgebiet hat und in den Beckumer Bergen aus den drei Quellbächen Lippbach, Kollenbach und Siechenbach entsteht. Erst wo diese drei sich treffen, wird von der Werse gesprochen.
Sie fließt dann zunächst in Richtung Westen. Gen Ahlen und Drensteinfurt wendet sie sich nördlicher und mündet schließlich nordöstlich von Münster in die Ems. Sie bleibt über ihre ganze Länge ein recht schmaler und ursprünglicher Fluss und ist daher unter Wassersportlern sehr beliebt.
Entlang der Werse gab bzw. gibt es mehrere Mühlen. Zwischen zweien von ihnen verkehrte im 19. Jahrhundert sogar ein kleines Dampfboot.
Vom Quellgebiet bis zur Mündung ist die Werse 67 Kilometer lang.
Der unbefestigte Weg endet bald in der Kurve eines Radweges, hier rechts halten und durch ein weiteres Drängelgitter auf die **Sternstraße** ⤳ der Beschilderung folgend links und gleich rechts auf den großen **Parkplatz** ⤳ hier gleich wieder rechts und noch vor der Werse in einen kleinen Pfad entlang der Werse ⤳ an der **Oststraße** kurz links und gleich wieder rechts in den **Südwall** ⤳ geradeaus über die **Elisabethstraße**, rechts befinden sich die St. Stephanus-Kirche und das Zentrum ⤳ weiter über die Straße **Westwall** und entlang des Flüsschens ⤳ durch eine kleine Parkanlage, wenig später auf einem Brücklein über die Werse, dann nach einigen Metern rechts, vorbei an einem kleinen Teich ⤳ danach kurz hinter einer Art Pavillon geradeaus über die Hammer Straße in den **Werseweg**, vorbei an einem Wegkreuz, nach wenigen Metern halbleicht rechts und zurück zur Werse und deren Ufer folgen ⤳ bei der Straße **An der Wersemühle** rechts, dann geradeaus über die Ahlener Straße in die Tempo-30-Zone ⤳ am Ende der Straße beim Drängelgitter weiter auf dem Spazier-Pfad ⤳ der Beschilderung folgend wenig später links und in Bögen zwischen

Nach Beckum hinein

Blick vom Biotop nach Beckum

den türkisfarbenen Seen des Biotops hindurch, dann hinauf zum **Rastplatz**.

TIPP Vom Rastplatz aus haben Sie eine schöne Aussicht über das Biotop und zurück nach Beckum.

Nachnutzung verlassener Steinbrüche bei Beckum

Bereits im Mittelalter wurden Kalk- und Mergel abgebaut, mit der Industrialisierung im 19. Jh. jedoch nahm dieser Prozess richtig an Fahrt auf. Beckum wurde weltweit zu einem der wichtigsten Reviere für Zement. Ein dem Zweiten Weltkrieg folgender Zementboom führte zum immer weiteren Ausbau und zur Modernisierung der Anlagen. Bis in die heutige Zeit haben von den über dreißig Zementwerken nur zwei überdauert.

Als Ausgleich zum Eingriff solcher Fabriken in Natur, Landschaft und Wasserhaushalt ist es um so mehr Aufgabe, verlassene Steinbrüche in einem akzeptablen Zustand wieder den Prozessen der Natur zu übergeben.

Der Steinbruch West mit seinen türkisfarbenen Biotopseen zeigt bestens das Konzept einer zeitgemäßen Mehrfachnutzung, da hier zudem ein Landschaftssee mit Badestelle sowie Siedlungen mit Niedrigenergie- und Solarhäusern entstanden sind.

Noch vor dem Wegkreuz links ⁓ bis zur Hauptstraße **L 794** und diese überqueren, kurz darauf über die Werse und gleich rechts in den unbefestigten Werse-Radweg ⁓ nun bis kurz vor Ahlen immer dicht entlang des Flusses ⁓ unter der Autobahn hindurch ⁓ immer dem Ufer folgen ⁓ auf der Höhe von **Haus Pustekrey** über die K 28 ⁓ weiter bis zum Abzweig nach Hamm und dort geradeaus.

TIPP Wollen Sie den Abstecher des Werse-Rad-Wegs nach Hamm entlang der alten Zechbahntrasse fahren, lesen Sie bitte weiter im Abschnitt 2 auf S. 35.

Kurz darauf endet der Splittweg entlang des Ufers, nun für 500 m auf Asphalt ⁓ in

Entlang der Werse nach Ahlen

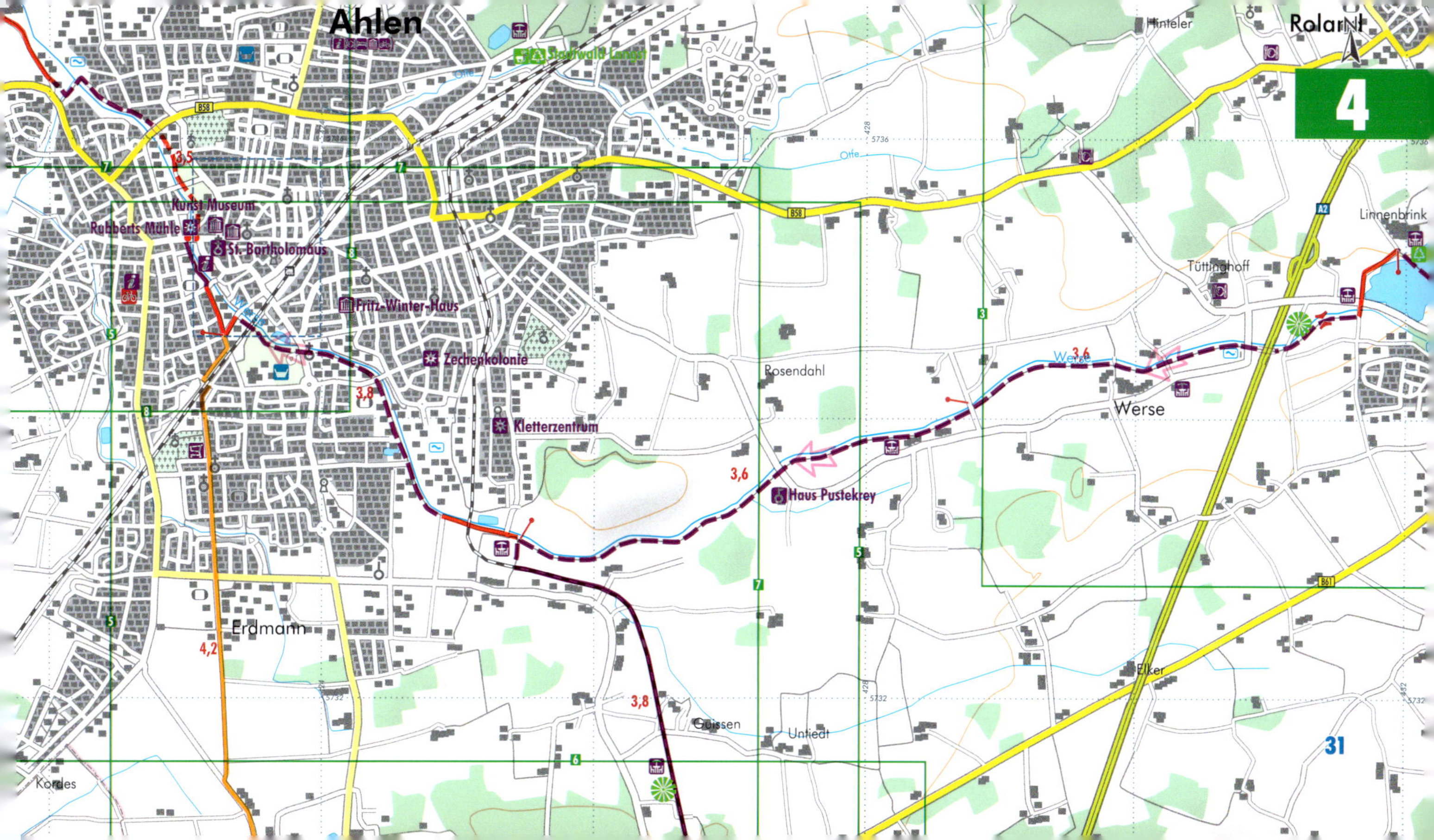
Ahlen
Stadtwald Langst
Hinteler
Rolar
4
B58
Otte
5736
428
3,5
Kunst Museum
Rubberts Mühle
St. Bartholomäus
Fritz-Winter-Haus
Zechenkolonie
Werse
3,8
Kletterzentrum
A2
Linnenbrink
Tüttinghoff
Rosendahl
3,6
Haus Pustekrey
B61
Erdmann
4,2
3,8
Guissen
Untiedt
Elker
5732
Kordes
31

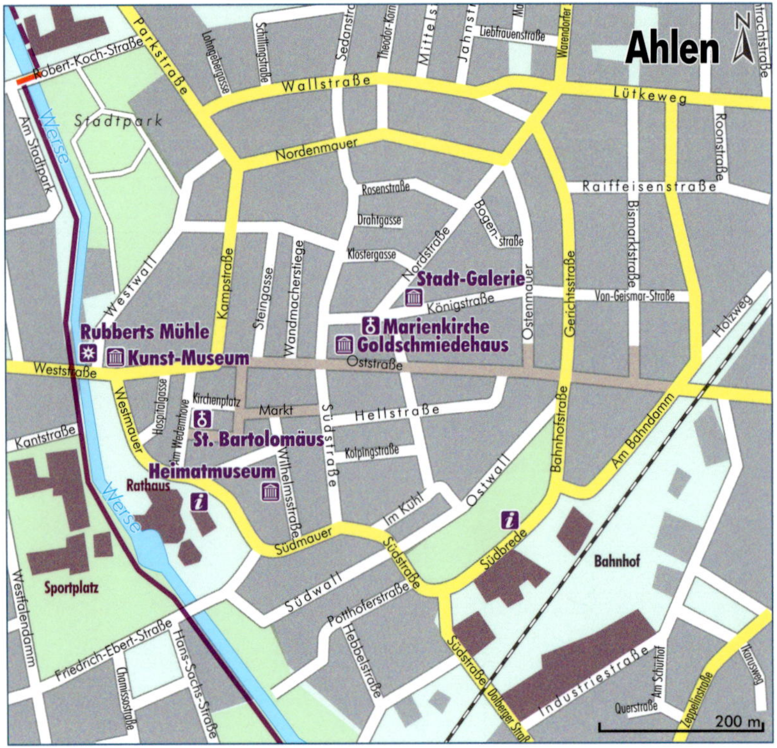

der Linkskurve der Straße geradeaus am Ufer bleiben, nun wieder auf Splitt ~ immer weiter am schönen Ufer der Werse nach Ahlen hinein.

Geradeaus über die **August-Kirchner-Straße** und auf breitem Asphaltband unter großen Bäumen entlang der schon breiteren Werse ~ geradeaus an der Ampel über die **Dolberger Straße**, nun auf einem breiten Splittweg entlang der Werse ~ unter einem Brückenrundbogen hindurch, dann bei der nächsten Brücke der Beschilderung folgend nach links Richtung Ahlen Zentrum ~ an der nächsten Kreuzung rechts in die **Hans-Sachs-Straße** ~ hier trifft die Rückfahrt von Hamm wieder auf die Hauptroute entlang der Werse.

Ahlen

PLZ: 59227; Vorwahl: 02382

- **Touristinformation**, Westenmauer 10, ✆ 59401
- **Kuhn Touristik**, Karl-Wagenfeld-Pl. 7, ✆ 8086157, www.kuhn-touristik.de. Angebote und Ausflüge aller Art.
- **Heimatmuseum**, Wilhelmstr. 12, ✆ 805869, ÖZ: Mi, Sa 14.30-17 Uhr, So 11-16 Uhr. Das Museum dokumentiert ackerbürgerliches Leben, Geologie, Bergbau, Archäologie, Stadtgeschichte, Wechselausstellungen.

An der Eisenbahnbrücke in Ahlen

Museum im Goldschmiedehaus, Oststr. 69, ✆ 3467, Besichtigung: n. V. (Gruppen auch abends). Antike Uhren aus dem 16.-20. Jh., sakrale Gerätschaften aus dem 13.-20. Jh.

Fritz-Winter-Haus, Südberg 72-74, ✆ 61582, ÖZ: Di, Mi, Sa 15-18 Uhr, So 11-18 Uhr. Es werden Werke des Künstlers Fritz Winter und abstrakte Malerei gezeigt.

Kunst-Museum, Weststr. 98,. ✆ 9183, ÖZ: Di-Fr 11-18 Uhr, Sa, So 10-18 Uhr. Café. Das Museum ist in drei Gebäuden aus verschiedenen architekturgeschichtlichen Epochen untergebracht. Ausstellungsschwerpunkte: von der klassischen Moderne bis zu aktuellen Tendenzen der Gegenwart, Wechselausstellungen.

Stadt-Galerie Ahlen, Königstr. 7, ✆ 3511, Do-Sa 15-18 Uhr, So/Fei 11-17 Uhr. Junge avantgardistische, zeitgenössische Kunst, Wechselausstellungen.

Pfarrkirche St. Bartolomäus. Die spätgotische Hallenkirche mit Sakramentshaus stammt aus dem 9. Jh. und ist somit eine der ältesten Taufkirchen des Münsterlandes.

Die im 13. Jh. gegründete **Marienkirche** wurde im letzten Jh. durch eine neugotische Kirche ersetzt.

Rubberts Mühle (19. Jh.), Weststr. 100, ✆ 2250. Sie ersetzte das vormalige Mühlengebäude. Der Mühlenstandort ist bereits seit dem Mittelalter bekannt.

Marktplatz (19. Jh.) mit einem Ensemble von historischen Gebäuden im Fachwerkstil des 18. Jhd., darunter Apotheke und Posthalterei.

Big Wall Kletterzentrum, Zeche Westfalen 1, Schwarzkaue, ✆ 9698100, ÖZ: Mo-Do 14-22.30 Uhr, Fr 11-22.30 Uhr, Sa, So 11-20 Uhr. Klettern in der alten Zeche Westfalen mit Routen für jeden Erfahrungsgrad. Mit Hochseilgarten.

Naherholungsgebiet **Stadtwald Langst** mit Tiergehege und einer Vielzahl von Freizeitmöglichkeiten, darunter Wanderwege, Trimm-Dich-Parcours und Wassertretbecken

Freibad Aquapark, Bürgermeister-Corneli-Ring 46, ✆ 788248

Freizeitbad Berliner Park, Dolberger Str. 66, ✆ 788249. Mit finnischem Saunadorf.

Kuhn, Karl-Wagenfeld-Pl. 7, ✆ 84441

Industriekultur am Werse-Radweg

Als markantes Zeugnis der Industriekultur findet sich bei Ahlen die Zeche Westfalen, in der Steinkohle abgebaut wurde. Sie war

Ahlen

Anfang des 20. Jhs. eine der modernsten Zechen ihrer Zeit. Darüber hinaus war sie ihrerzeit die tiefste, denn verglichen zu den „komfortablen“ Abbaugebieten im Ruhrgebiet, wo man zum Teil nur etwas an der Oberfläche kratzen musste, lag die Kohle in der Region weitaus tiefer – es galt eine bislang unerreichte Tiefe von über 1000 m zu erschließen.

Baubeginn war im Jahre 1907, und von Beginn an herrschte (wie auch 100 Jahre später in den Ingenieurdiszplinen) Mangel an qualifizierten Arbeitskräften. In der Konsequenz wurde Ahlen bereits damals „multikulturell“ – es wurde Personal aus den verschiedensten Ländern angeworben, obwohl der Wohnungsmarkt der Region auf diesen umfänglichen Zuzug gar nicht vorbereitet war. Die schlechte Unterbringung

Wasserturm bei Ahlen

ließ viele der Neuankömmlinge wieder abwandern. Um diesem Trend entgegenzuwirken, ließen sich die Zechenbesitzer etwas einfallen: ab 1911 entstand eigens für die Zeche die sogenannte „Kolonie“, eine Siedlung, die sich am Vorbild der englischen Gartenstädte orientierte. Diese wuchs sich zu einem neuen Ahlener Stadtteil im Südosten aus.

Die heute unter Denkmalsschutz stehende Kolonie wurde ab 1991 nach und nach saniert und auf heutige Wohnverhältnisse umgestellt. Auch für die weitere Nutzung der Zechengebäude gibt es unterschiedliche Ideen, die zum Teil bereits umgesetzt wurden.

Der 44 m hohe Wasserturm diente zunächst der Versorgung von Zeche und Kolonie. Der um die 1000 Kubikmeter fassende Turm, historisches Beispiel für

Beim Stadtwald Langst

die Entwicklung der Wasserversorgung zu Beginn des 20. Jh., wurde restauriert und mittlerweile zum Wahrzeichen der Stadt avanciert. Sein blauer Anstrich macht ihn zu einer auch übers weitere Stadtgebiet hinaus weithin sichtbaren Landmarke.

Das einstige Bergwerk Westfalen mit seiner Halde kann von außen besichtigt werden. Die unter Denkmalsschutz stehende Kolonie finden Sie direkt nördlich des Bergwerks.

Auf der alten Zechenbahn von Ahlen nach Hamm 15,1 km

Ausgehend vom imposanten Haldenberg der alten Zeche Westfalen am Ahlener Stadtrand folgen Sie südlich der Fährte der Industriekultur, die Sie durch flaches Agrarland bis nach Hamm intensiv begleiten wird. Auf der einstigen Trasse der noch in jüngerer Zeit verkehrenden Zechenbahn überqueren Sie die Lippe und radeln auf dem neuen Radweg bis zum Datteln-Hamm-Kanal. Immer dicht entlang des Schiffahrtsweges geleitet Sie der Werse-Radweg durch zahlreiche Vororte bis zur in vielen Hinsichten sehenswerten Stadt Hamm, die mit der dritten und ältesten Landesgartenschau aufwartet. Und selbst diese ist gekonnt mit der Industriekultur verflochten.

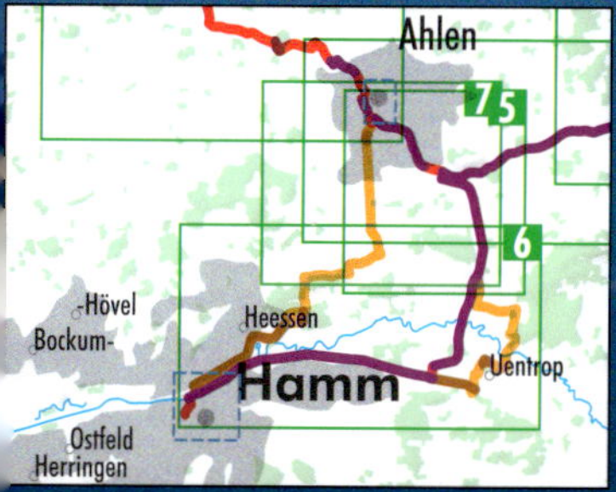

Bis auf den Stadtbereich von Hamm verläuft dieser Abschnitt ausschließlich auf gut befahrbaren Radwegen fernab jeglichen Autoverkehrs. Die Route verläuft zudem über den gesamten Abschnitt steigungsfrei.

Die Werse bei Ahlen

Von Ahlen nach Hamm 16,4 km

Südöstlich von Ahlen zweigt dort, wo die **Bergamtstraße** die Werse kreuzt, ein Teil des Werse-Radweges als Abstecher nach **Hamm** ab.

EINSTIEG Wollen Sie von Ahlen aus den Abstecher nach Hamm fahren, geht es zunächst vom Bahnhof auf der Südbrede zur Südstraße, dort links und weiter auf der Dolberger Straße bis zur Werse. Folgen Sie dann dem rechten Ufer bis zum Abzweig nach etwa gut 2 Kilometern, zuletzt auf einem Stück Asphaltstraße.

Etwas östlich der Bergamtstraße fahren Sie südlich der Beschilderung nach Hamm folgend, die ersten Meter unbefestigt, dann auf gutem Asphalt ~ folgen Sie immer diesem Radweg, hinter ihnen thront eindrucksvoll der Haldenberg.

Zeche Westfalen: Die Osthalde

Die stattliche Erhebung der mittlerweile begrünten Osthalde der Zeche Westfalen, höchster Punkt in Ahlen, soll in naher Zukunft für zahlreiche touristische Nutzungen erschlossen werden, darunter möglicherweise auch Pilgertouren zu einem riesigen Holzkreuz, Mountainbiking und Gleitschirmfliegen.

Weiterhin sollen mit der sogenannten Grünfuge, die quer durch das Gelände geht, Zeugnisse der Industriekultur einbezogen werden, so z. B. Fördertürme und ein Mannschaftsgang. Darüber hinaus soll ein Fuß- und Radweg das Gelände mit der 100-Schlösser-Route verbinden.

Sie unterqueren die stark befahrene B 61.

TIPP Aktuell besteht wegen letzter Arbeiten am Radweg eine bestens ausgeschilderte Umleitung für die Strecke bis zum Datteln-Hamm-Kanal, die nachfolgend beschrieben wird. Nach aktuellen Planungen soll die Zechenbahn-Trasse jedoch Ende 2009 fertig sein.

Blick auf die einstige Ahlener Osthalde

Blick Richtung Lippetal

Umleitung nach Hamm 7,3 km

Falls die Umleitung nach Hamm noch gültig ist, fahren Sie kurz hinter der B 61 links, der Umleitung-Ausschilderung folgend ~ am Ende des asphaltierten Radweges kurz links und gleich wieder rechts in die Straße **Am Königsbusch**.

Dolberg

Hinein nach Dolberg ~ an der T-Kreuzung links und am Rastplatz vorbei ~ geradeaus weiter und aus dem Ort ~ an der T-Kreuzung rechts ~ vorbei an einem kleinen Weiler ~ in einem kleinen Rechts-Links-Schwenk bis zur T-Kreuzung, dort links ~ dem Linksbogen folgen, nun auf der **L 667** ~ über die Lippe-Brücken und die Insel, kurz darauf geradeaus über die Ampelkreuzung ~ nach 100 m rechts in die **Uentroper Dorfstraße** ~ am Ortsein-

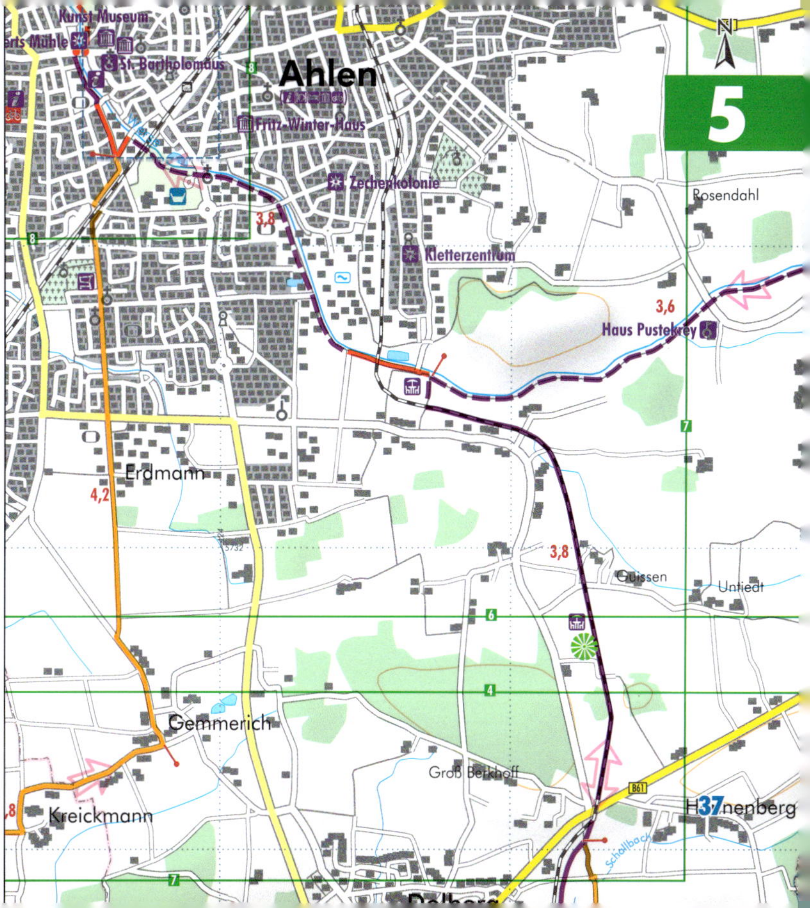

Auf dem Weg nach Hamm

gangsschild von Hamm vorbei ⇝ dem leichten Rechtsbogen folgen ⇝ hinterm Ortsausgangsschild dem Linksbogen folgen ⇝ an der T-Kreuzung rechts, 50 m später gleich wieder links in die Straße **Auf dem Südfelde** ⇝ leicht bergauf und über den **Datteln-Hamm-Kanal** ⇝ hinter der Brücke links in einer Spitzkehre hinunter zum Kanal-Ufer.

Auf dem gesplitteten Uferweg sehr schön direkt am Kanal entlang ⇝ unter der Brücke hindurch, auf der die Zechbahntrasse hinzustößt.

Auf der Hauptroute hinter der B 61 geradeaus ⇝ Sie kreuzen die L 882 ⇝ etwas später auf einer Brücke über die intensiv mäandernde Lippe ⇝ über die L 736 ⇝ vorbei an einem kleinen See und im weiten Rechtsbogen vor zur K 2 ⇝ der Zechbahntrassenweg kommt hier am **Mühlenweg** heraus ⇝ halblinks auf die Straße **Südfelde** und über den Datteln-Hamm-Kanal.

TIPP Hier trifft die ausgeschilderte Umleitung über Dolberg wieder auf die Hauptroute.

Um auf den Radweg am Ufer zu gelangen, fahren Sie hinter der Brücke rechts und dann bei der ersten Lücke zwischen den Büschen hinüber auf den unbefestigten Uferweg ⇝ unter der **Eisenbahnbrücke** hindurch ⇝ unter der blauen Brücke der K 2 hindurch ⇝ unter einer weiteren Brücke hindurch.

Ab Höhe des **Kurparks** ist der Uferweg befestigt ⇝ weiter direkt am Kanal Rich-

Datteln-Hamm-Kanal

tung Zentrum ⇝ unter der Brücke der **B 63** hindurch ⇝ wo die **Hafenstraße** den Uferweg berührt links und in den **Westring** ⇝ kurz darauf wieder rechts in die **Gustav-Heinemann-Straße** und bis zum **Bahnhof** hinter ⇝ links von Ihnen befindet sich die Altstadt.

Hamm

PLZ: 59065; Vorwahl: 02381

Verkehrsverein Hamm e. V., Willy-Brandt-Platz, ✆ 2742499

Fahrgastschiff St. Monika III, Bocksheideweg 27, ✆ 469592. Fahrten auf 4 Kanälen: Dortmund-Ems-,

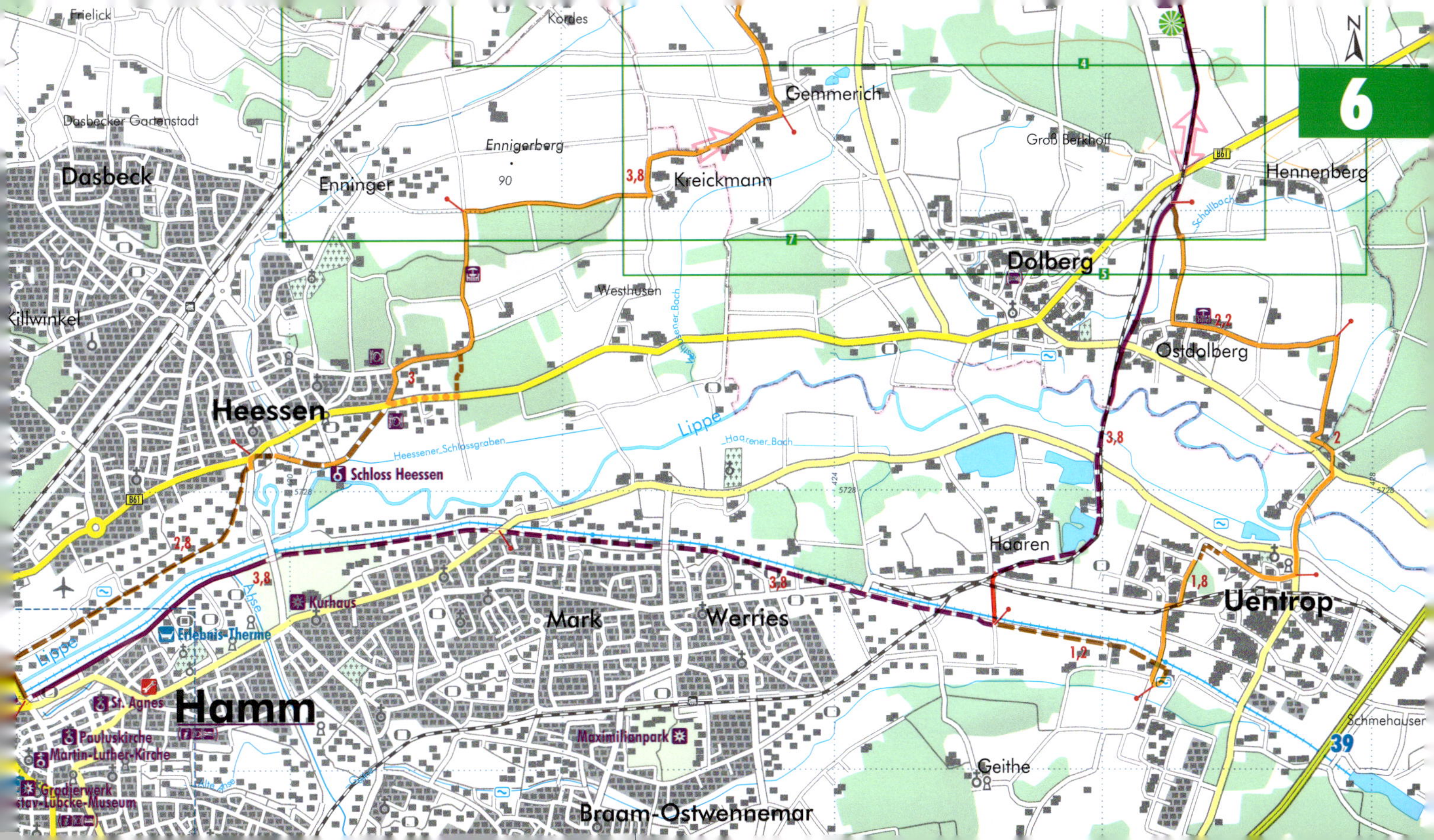

6
Frielick
Kordes
Gemmerich
Dasbecker Gartenstadt
Ennigerberg
90
Groß Berkhoff
B61
Hennenberg
Dasbeck
Enninger
3,8
Kreickmann
Schölbach
Dolberg
Westhusen
Killwinkel
2,2
Ostdolberg
3
Heessen
Lippe
Haarener Bach
Heessener Schlossgraben
Schloss Heessen
3,8
2
2,8
Haaren
3,8
3,8
1,8
Uentrop
Kurhaus
Mark
Werries
Erlebnis-Therme
Ahse
1,2
Hamm
St. Agnes
Pauluskirche
Martin-Luther-Kirche
Maximilianpark
Schmehausen
39
Geithe
Gradierwerk
Gustav-Lübcke-Museum
Alte Ahse
Braam-Ostwennemar

Entlang des Datteln-Hamm-Kanals

Wesel-Datteln-, Rhein-Herne- und Datteln-Hamm-Kanal.

Eisenbahnmuseum, Schumannstr. 35, ✆ 23400. Dargestellt wird die Eisenbahn in den 1950er Jahren. Neben festen Anlagen gehört auch eine mehrere Kilometer lange Eisenbahnstrecke zum Museum, die mit historischen Zügen befahren wird.

Gustav-Lübcke-Museum, Neue Bahnhofstr. 9, ✆ 175701. Mit ägyptischer Abteilung, Sammlungen zur griechischen und römischen Kunst sowie wechselnden Sonderausstellungen.

Pauluskirche im gotischen Stil im Herzen der Stadt

Barocke **Martin-Luther-Kirche** (um 1735)

St. Agnes, einstige Franziskaner-Klosterkirche, ist die einzige katholische Kirche im Zentrum von Hamm.

Hindutempel, Siegenbeckstr. 4, ✆ 02388/302223. Seit 1989 in Hamm. Er kam im Zusammenhang mit der Flucht zehntausender Tamilen an diesen Ort.

Maximilianpark mit dem **Glaselefanten**, dem größten künstlichen Elefanten weltweit. Auf der Fläche einer einstigen Zeche hinterließ die Landesgartenschau 1984 das überregional beliebte Erholungsziel mit einer großzügigen Parklandschaft, die sich aus Blumen- und Baumbereichen zusammensetzt. Darüber hinaus findet man hier weite Spielflächen, ein Schmetterlingshaus und zahlreiche Kulturangebote.

Gradierwerk, Südring 1, ✆ 274-0. Gesundes Atmen in zerstäubter Leinetaler Natursole.

Kurhaus mit Park

Ehemalige Zeche Radbod, An den Fördertürmen 4, ✆ 599626. Eine von wenigen erhaltenen Doppelschachtanlagen ihrer Art. Sie steht zudem für Hamms Industrietradition.

Glaselefant

Wassertürme Berge (1907/15). Diese liegen einige Kilometer südlich der Stadt und sind nur von außen zu besichtigen. Einmal im Jahr dient die obere Plattform als Konzertsaal mit ganz besonderer Aussicht.

Historische Innenstadt mit Resten der Stadtmauer

Stadtrundfahten mit dem Fahrrad an ausgewählten Tagen, Informationen beim Verkehrsverein. Verschiedene Routen werden angeboten.

Tierpark mit Naturkundemuseum, Grünstr. 150, 53132. Neben über 100 Tierarten sind hier auch ein Reptilienhaus und das Naturkundemuseum untergebracht. Mit großem Spielplatz, Eisenbahn und Streichelzoo.

Erlebnistherme Maximare, Jürgen-Graef-Str. 2, ✆ 8180. Mit Aquawelt und Solebecken.

Radstation am Hauptbahnhof, Willy-Brandt-Pl. 1, ✆ 927191

Landesgartenschau Hamm

Die erste Landesgartenschau in Nordrhein-Westfalen wurde auf dem Areal der in den 1940er Jahren stillgelegten Zeche Maximilian im Hammer Ortsteil Werries umgesetzt, die einst Kohle förderte. Die erfolgreiche Bewerbung um die Ausrichtung der ersten Landesgartenschau im Bundesland erfolgte noch Ende der 1970er Jahre und führte zur Umsetzung der Ausstellung im Jahre 1984. Auf der jahrzehntelang brachliegenden Fläche hatte sich unterdessen eine reiche Vegetation und Tierwelt entwickelt. In den im Rahmen der Ausstellung entstehenden Freizeitpark wurden zahlreiche Gebäude der einstigen Zeche einbezogen, was in besonderem Maße mit dem gläsernen Elefanten glückte, den der Künstler Horst Rellecke aus der ehemaligen

Kurpark Hamm

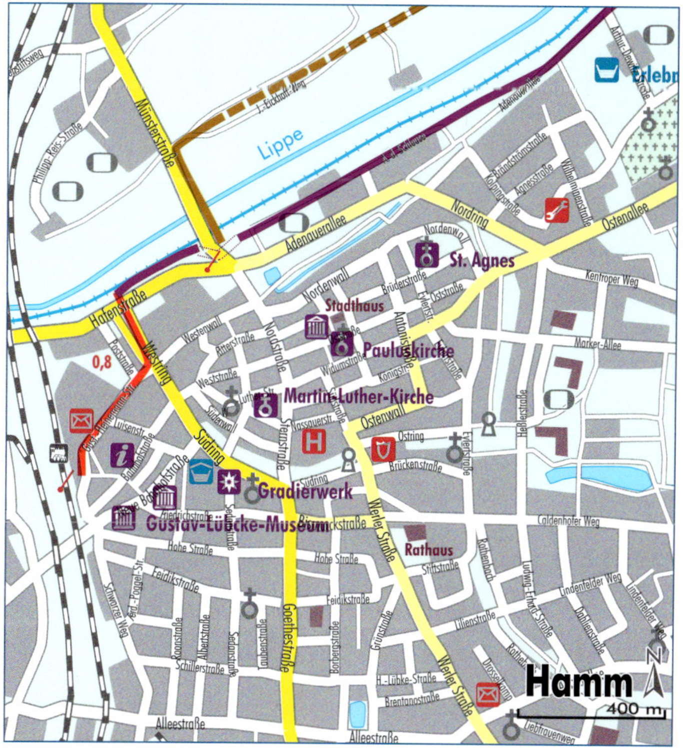

Schwimmbad Maximare

Kohlenwäsche erschuf. Dieser dient auch als Aussichtsturm.

Anschließend an die mehrmonatige Ausstellung entstand aus den Anlagen der Maximialianpark. Der „gläserne Elefant" ist mittlerweile völlig zu Recht Wahrzeichen der Stadt Hamm.

Wie auch die beiden ersten Landesgartenschauen liegt Hamm an der LandesGartenSchau-Route, einem Radweg, der über eine attraktive Streckenführung sechs westfälische Standorte miteinander verbindet.

TIPP

Wollen Sie nicht denselben Weg zurück zur Werse fahren, empfehlen wir Ihnen als Variante für die Rückfahrt nach Ahlen einen ebenfalls reizvollen und etwas kürzeren Weg.

Alternative zurück nach Ahlen 13 km

Vom Bahnhof auf der **Gustav-Heinemann-Straße** zurück zur Kreuzung und ~ links in den Westring ~ an der T-Kreuzung mit der Hafenstraße rechts ~ auf dem Radweg bis zur Ampelkreuzung, hier links auf die B 63 bzw. **Münsterstraße** ~ auf der Brücke über den Kanal und die Lippe, 100 Meter später rechts und geradezu auf den unbefestigten Deich-Radweg ~ folgen Sie diesem mit herrlicher Sicht auf Kanal und Landschaft ~ vorbei am Flugplatz ~ am Ende des Deiches bei der **K 26** kurz links und gleich wieder rechts ~ für 100 m entlang der **B 61**, dann rechts in den kleinen unbefestigten Pfad ~ nach wenigen Metern weiter auf Asphalt ~ über ein Bächlein und vorbei an einer Durchfahrsperre, danach auf Splitt bis zum **Schloss Heessen**.

Bahnhof Hamm

Heessen

PLZ: 59073; Vorwahl: 02381

Schloss Heessen, Schlossstr. 1, ✆ 6850. Erstmals 975 erwähnte Schlossanlage. Der gotische Backsteinbau mit den steilen Linien wurde im Laufe der Zeit vielfach umgebaut. Heute wird die Anlage als Landschulheim genutzt.

Zeche Radbod

Hier kurz auf Asphalt, hinter der Durchfahrsperre dann wieder gesplittet ~ bis zur B 61 und geradeaus in die **Privatstraße**.

TIPP Sollte die Nutzung der Privatstraße nicht möglich sein, fahren Sie an der B 61 rechts für 400 m im starken Verkehr und folgen kurz hinterm Waldrand links dem Waldweg bis zur T-Kreuzung.

Nach 250 m rechts in die **Kleiststraße** ~ kurz nach dem Waldrand der Linkskurve der Straße folgen ~ geradeaus entlang einer Birkenreihe ~ an einem

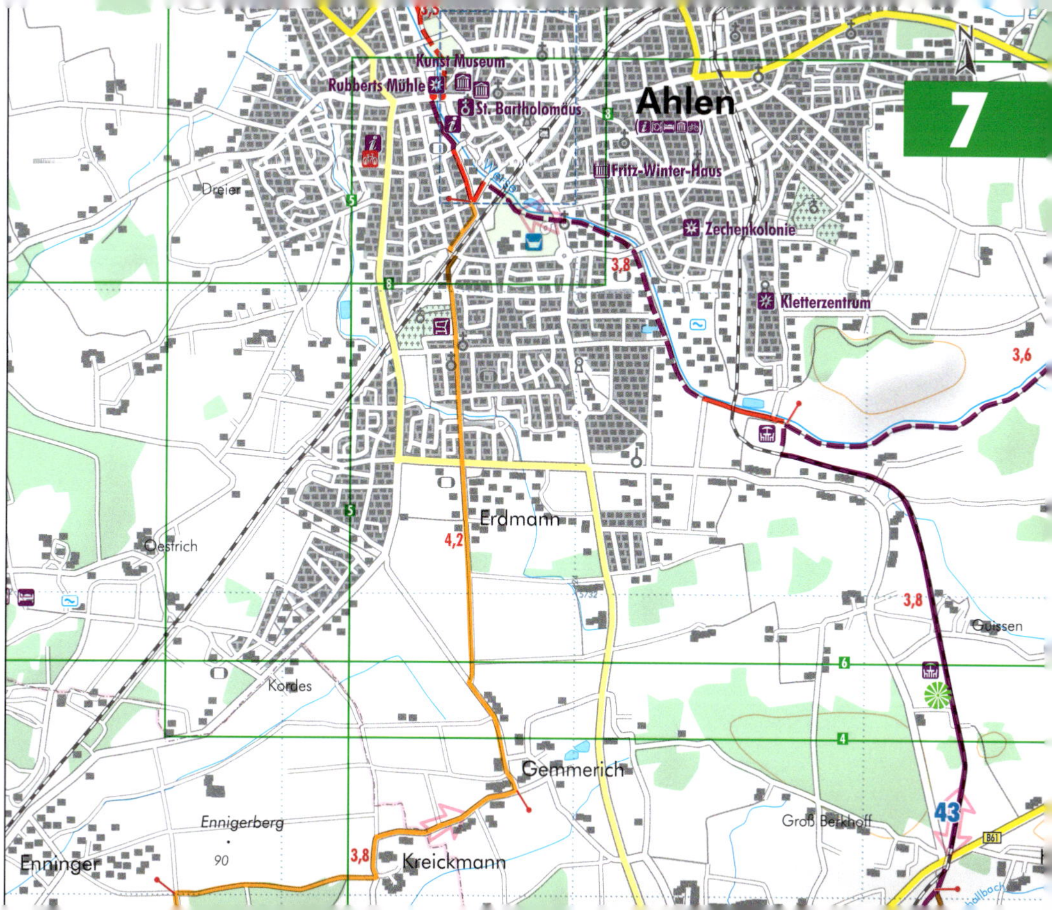

Deich oberhalb der Lippe

kleinen **Rastplatz** vorbei und an der folgenden Kreuzung rechts in die **Bornstraße** ⁓ zwischen Waldrand und Feldern bis zur nächsten Kreuzung, dort links und nach 200 m rechts, der Beschilderung folgend ⁓ kurz hinter dem ersten Haus auf der linken Seite links in die asphaltierte Wirtschaftsstraße und entlang einiger Häuser ⁓ nach ca. 700 m halbrechts in die schmale Asphaltstraße ⁓ auf dieser geradeaus nach Ahlen hinein ⁓ geradeaus über die K 27 und durch ein Wohngebiet.

TIPP Wollen Sie nicht auf die Einfahrt nach Ahlen entlang der Werse verzichten, fahren Sie bei der Straße **Röteringshof** rechts bis zum Fluss und dort links auf den Uferweg.

Ahlen

Sie passieren eine Art kleines Zentrum ⁓ an der T-Kreuzung links in die Straße **Im Pattenmeicheln** und unter der Bahn hindurch ⁓ an der Gabelung dahinter rechts in den **Westfalendamm** und an der nächsten Ecke rechts in die **Uhlandstraße** ⁓ hier trifft die Rücktour wieder auf den von rechts kommenden Werse-Radweg.

Weiter im Geradeaustrend auf der durchbrochen gestalteten **Hans-Sachs-Straße** ⁓ über die **Friedrich-Ebert-Straße** und auf dem asphaltierten Radweg entlang des Sportplatzes ⁓ ein Rechtsbogen führt Sie zurück zum Ufer ⁓ entlang einer breiten Ufermauer vorbei am Wehr der **Rubbertsmühle**.

Werse-Mühlen: Rubberts Mühle

Der seit dem 13. Jahrhundert bekannte Mühlenstandort entstand im Rahmen der Befestigung der Stadt Ahlen durch Wassergräben. Die alten Gebäude wurden ersetzt, die jetzt stehenden datieren auf das 19. Jahrhundert und werden zu Wohnzwecken genutzt.

INS ZENTRUM Hier rechts über die Brücke und dann geradeaus kommen Sie auf direktem Weg ins Zentrum von Ahlen.

Schoss Heessen

Von Ahlen bis zur Wersemündung

54,2 km

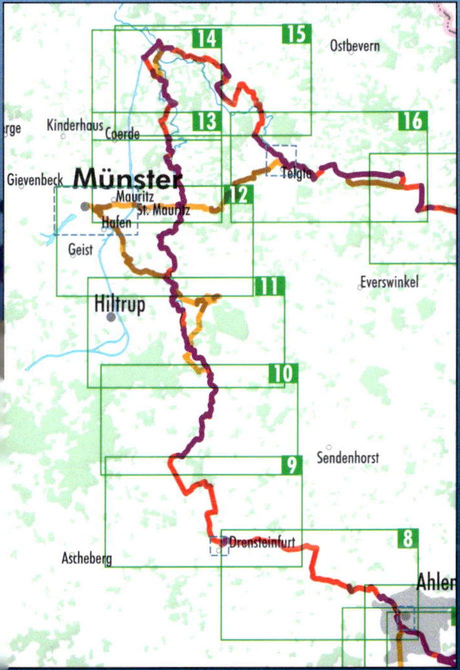

Auf dem letzten Teil des Werse-Radwegs bis zur Mündung der Werse in die Ems treffen Sie regelmäßig auf kleine Städte wie Drensteinfurt, Albersloh oder Handorf, aber auch auf eine Reihe von Mühlen entlang des Flusses. Als Abwechslung bietet sich unbedingt ein Abstecher in die sehenswerte Fahrradstadt Münster an. In der zweiten Hälfte folgt der Weg über lange Passagen direkt dem kurvenreichen Verlauf der nun schon breiteren Werse mit ihrer teils üppigen Ufervegetation. Nahe der Stelle, wo die Werse in die größere Ems mündet, treffen Sie am Dortmund-Ems-Kanal und seinem imposanten Wasserkreuz auf den Ems-Radweg.

Auf diesem Abschnitt verläuft die Route wiederum auf verkehrsfernen Radwegen und sehr ruhigen Landstraßen, frei von jeglichen Steigungen.

Vehrings Mühle

Von Ahlen nach Drensteinfurt 14,2 km

Bei der Rubbertsmühle weiter geradeaus am Fluss entang ⤳ wenig später mündet der Uferweg in eine **Wohngebietsstraße** ⤳ an deren Ende an der T-Kreuzung rechts und über die Werse, dahinter gleich links auf den unbefestigten Weg entlang der Werse ⤳ bei einer Brücke halten Sie sich links Richtung Drensteinfurt ⤳ unter einer weiteren Brücke hindurch ⤳ über den kleinen Holzsteg eines Werse-Zuflusses, dann weiter auf dem Uferweg und vorbei an Kleingärten ⤳ wenn der Weg schmaler wird, links auf der **Fußgängerbrücke** über den Fluss ⤳ geradeaus bis kurz vor die **B 58** und noch vorher rechts über die kleine Holzbrücke und weiter auf einem gesplitteten Weg ⤳ dieser mündet nach 100 m auf einer Betonstraße, die sich durch Wiesenlandschaft windet ⤳ entlang einer Birkenreihe bis zum **Rastplatz** bei den Häusern von **Haus Seppenhagen**.

Haus Seppenhagen

Vehrings Mühle (17. Jh.), Prozessionsweg 30. Die Mühle gehörte zum benachbarten Haus Seppenhagen. Alle Bewohner der Region mussten gemäß dem sogenannten „Mühlenbann" hier mahlen lassen.

Werse-Mühlen: Vehrings Mühle

Der Ursprung des Wassermühlengebäudes liegt im 17. Jahrhundert. Zu Beginn des 20. Jahrhunderts wurde die Mühle erweitert und als Korn- und Ölmühle genutzt. Der Betrieb wurde jedoch in den 1960er Jahren eingestellt.

Hier an der T-Kreuzung links in die kleine Straße **Prozessionsweg** und kurz darauf rechts in den schlecht befestigten **Prozessionsweg 25** ⤳ kurz vor der **B 58** rechts in den schmalen Radpfad und am Waldrand entlang ⤳ in einer Linkskurve bis zur **L 811**, kurz links und gleich wieder rechts in die kleine **Drensteinfurter Straße** ⤳ in einer verlängerten S-Kurve vorbei an Avenhövel ⤳ sanft schlängelnd durch Felder.

Brockhausen

Bei den nächsten Häusern in **Brockhausen** halten Sie sich rechts und fahren bei

Entlang des Radweges

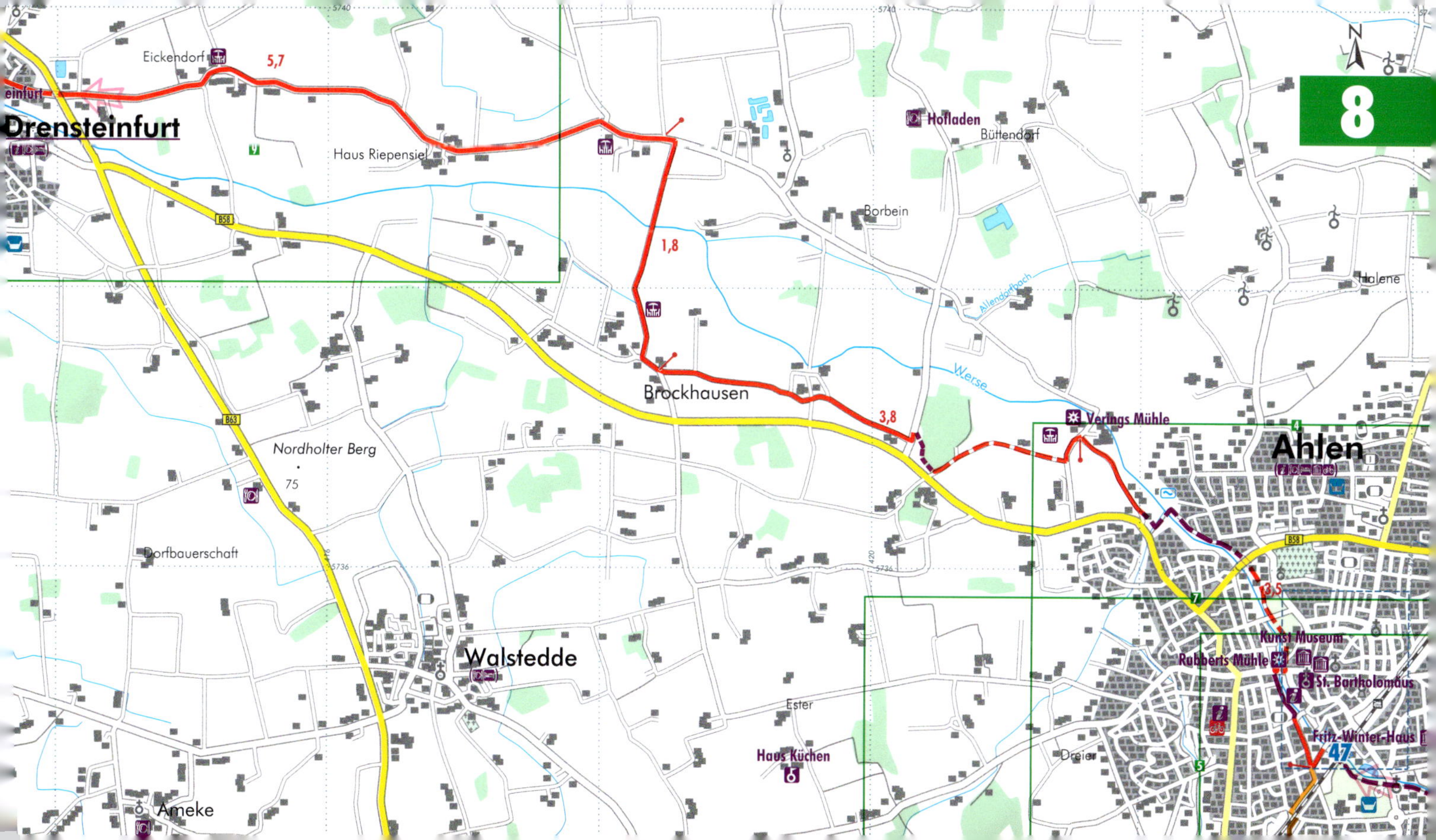

8
Drensteinfurt
Eickendorf
5,7
Haus Riepensiel
1,8
Brockhausen
3,8
Hofladen
Büttendorf
Borbein
Halene
Allendorfbach
Werse
Verings Mühle
Ahlen
B58
B63
Nordholter Berg
75
Dorfbauerschaft
Walstedde
Ester
Haus Küchen
Ameke
Dreier
Kunst Museum
Rubberts Mühle
St. Bartholomäus
Fritz-Winter-Haus
47
3,5
5740
5736

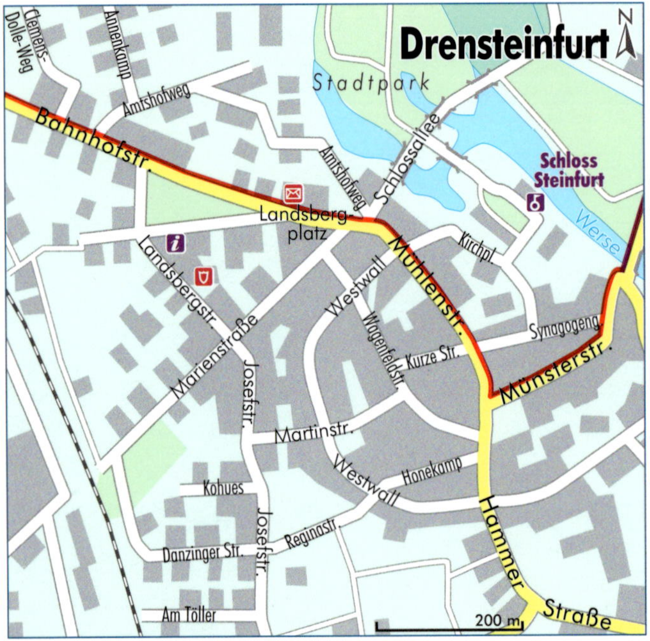

der ersten Möglichkeit rechts in die schmale Straße **Linnenkamp** ~ vorbei an einem **Rastplatz**, etwas später über die Werse ~ an der T-Kreuzung links auf die **K 21** Richtung Drensteinfurt ~ in sanften Kurven durch die Feldlandschaft bis **Drensteinfurt**, der Blick kann weit schweifen ~ vorbei an **Riepenseil**, später an **Autermann**.

Drensteinfurt

PLZ: 48317; Vorwahl: 02508

Stadtverwaltung, Landsbergpl. 7, ✆ 9950, www.drensteinfurt.de

Bienenmuseum „Dat kleine Immenhuisken", Felsenweg 5, ✆ 1497, ÖZ: Mitte Mai-Aug., Do 14-18 Uhr od. n. V. Alte Imkergerätschaften und aktive Bienen.

Synagoge (1872), (wenn danach groß, dann vorher Punkt) Das Baudenkmal wurde im Jahre 1993 restauriert.

Wasserschloss Haus Steinfurt. Guterhaltenes klassizistisches Wasserschloss, das in zwei großen, sanften Bögen von der Werse umwunden wird. Führungen n. V., ✆ 02508/995164

Erlbad, Am Erlfeld 4, ✆ 413. Mit großer Liegewiese, Planschparadies und Sportangeboten.

Rüther, Sendenhorster Str. 9, ✆ 0174/8215943

Drensteinfurt war bis ins 14. Jahrhundert der einzige Übergang über die Werse zwischen dem südlichen und nördlichen Münsterland und genoss damit eine gewisse Bedeutung für die Bereiche Handel und Verkehr. Im Verlauf des folgenden

Drensteinfurt

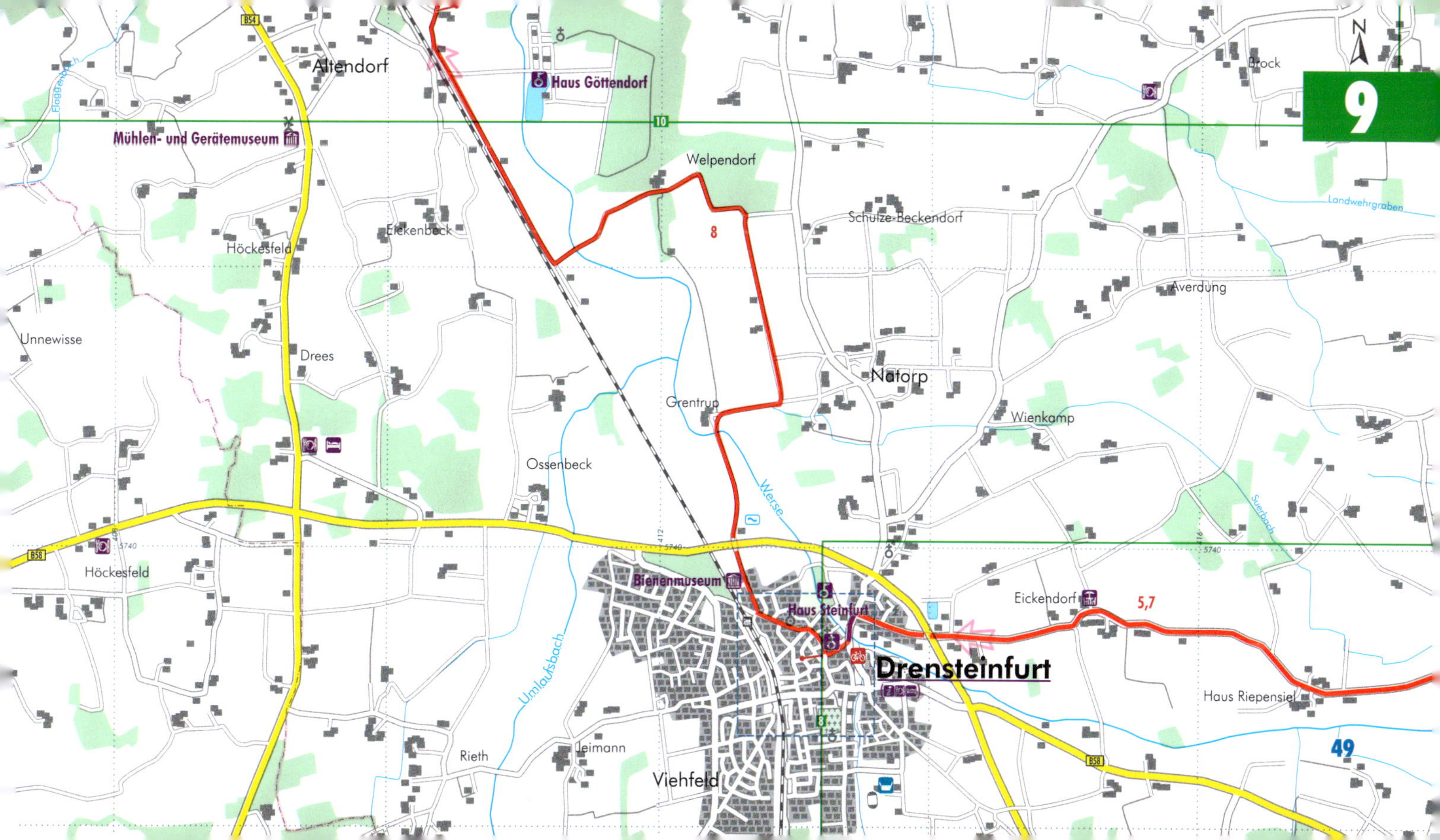

Altendorf
Haus Göttendorf
Mühlen- und Gerätemuseum
Flaggenbach
B54
10
9
Brock
Welpendorf
Schulze-Beckendorf
Landwehrgraben
8
Eickenbeck
Höckesfeld
Averdung
Unnewisse
Drees
Natorp
Grentrup
Wienkamp
Ossenbeck
Werse
Suerbach
B58
5740
Höckesfeld
Bienenmuseum
Haus Steinfurt
Eickendorf
5,7
Drensteinfurt
Haus Riepensiel
Umlaufsbach
Rieth
Leimann
Viehfeld
49

Jahrhunderts wurde das einstige Rittergut Drensteinfurt Marktstandort und erhielt zum Schutz eine Befestigung mit Gräben und Wällen. Dieser Befestigungsring ist noch heute im Stadtgrundriss erkennbar. Anstelle der baufällig gewordenen Wasserburg wurde die Schlossanlage von Haus Steinfurt an der Werse gebaut. Mitte des 18. Jahrhunderts wurde neben der Anlage noch eine Wassermühle errichtet. 1848 erhielt die Stadt Anbindung an die Eisenbahnlinie Münster–Hamm, und wenig später gewann der Bergbau in der Region an Bedeutung für Drensteinfurt, besonders das Mineral Strontianit, das industriell zur Zuckergewinnung Verwendung fand, spielte hier bis in die 1930er Jahre eine Rolle. In der Folge wuchs die Einwohnerzahl damals stark an. Die Stadt Drensteinfurt, auf münsterländisch Platt „Stewwert", besteht heute aus den drei Ortsteilen Drensteinfurt, Rinkerode und Walstedde.

Bei Watermann

Unter der Brücke der B 58 hindurch und weiter geradeaus ⁓ an der T-Kreuzung links in die **Sendenhorster Straße** ⁓ erneut über die Werse und direkt dahinter rechts in die **Münsterstraße** und durch die kleine Altstadt ⁓ im leichten Rechtsbogen bis zum **Markt** und dort rechts in die **Mühlenstraße** ⁓ durch die reizvolle Altstadt vorbei an der Kirche dem leichten Linksbogen folgen, nun auf der **Bahnhofstraße**.

Von Drensteinfurt nach Gremmendorf 22,9 km

Der Beschilderung folgend halbrechts in den **Grentroper Weg** ⁓ aus dem Ort heraus und durch Felder, dann unter der Brücke der B 58 hindurch ⁓ erneut über die nun schon breitere Werse und in **Grentrup** der Rechtskurve folgen.

Grentrup

Bei der ersten Gelegenheit nach 300 Metern links in die Straße **Natorp** ⁓ beim Waldrand der Linkskurve, kurz darauf der Rechtskurve folgen ⁓ wenig später in einer Linkskurve weg vom Waldrand ⁓ vorbei an **Haus Welpendorf** ⁓ über die Werse, kurz darauf vor den Gleisen rechts und schnurgerade entlang der Eisenbahnstrecke ⁓ kurz nach dem von rechts einmündenden Abzweig nach Haus Göttendorf dem weiten Rechtsbogen folgen.

TIPP Wenn Sie in der Rechtskurve links abbiegen, kommen Sie entlang der Bahn nach Rinkerode.

Rinkerode

PLZ: 48317; Vorwahl: 02538

Stadtverwaltung, Landsbergpl. 7, Drensteinfurt, ✆ 9950, www.drensteinfurt.de

Mühlen- und Gerätemuseum, Eickenbeck 44, ✆ 02538/756. Maschinen und Gerätschaften aus dem Mühlenbereich und dem ländlichen Alltagsleben sowie die ursprüngliche Technik von 1935.

Haus Bisping. Das Haus ist der Rest einer ehemaligen Wasserburg, die im Jahre 1651 errichtet worden war.

Haus Borg. Die ältesten Teile dieses Hauses gehen auf das 15. Jh. zurück.

Am Ende der Kurve weiter geradeaus in die Sackgasse und vorbei am **Rastplatz** ~ der weite Rechtsbogen geleitet zurück zum linken Ufer der Werse ~ hier links und auf dem asphaltierten Uferweg auf den nächsten Kilometern durch Felder ~ kurz vor der nächsten kreuzenden Straße

An der Werse nach Albersloh

bei **Jeiler** entfernt sich der Radweg etwas vom Ufer nach links ~ an der Straße kurz rechts und auf der Brücke über den Fluss, direkt dahinter links in den Radweg, nun auf dem rechten Ufer.

Albersloh

Pfarrkirche St. Ludgerus, Kirchplatz. Kunsthistorisch bedeutsame spätromanische münsterländische Hallenkirche

Gräftenhof Schulze-Dernebockholt, OT Rummler. Hofanlage aus dem 11. Jh. mit teilweise erhaltenen Gräften. Ebenfalls erhalten: Torhaus und Schafscheune aus dem 16. Jh. als baugeschichtlich bedeutende Relikte einer bis weit ins Spätmittelalter zurückreichenden Holzbautradition. Torhaus und Schafstall gehören zu den ältesten bäuerlichen Nebengebäuden des Münsterlandes und stehen unter Denkmalschutz

Haus Sunger, OT Sunger. Adelssitz aus dem 15. Jh. der Herren von Kerckerinck zur Borg.

Nahe der Innenstadt von **Albersloh** vor der nächsten Straßenbrücke links über eine Fußgängerbrücke ~ vorbei am **Rastplatz** bis zur Straße, dort kurz links und direkt hinter der Tankstelle wieder rechts in den kleinen Radweg ~ dieser führt zum Werse-Ufer, dem er nun wieder für einige Kilometer folgt ~ vorbei an einer Aussichtsplattform, wenig später links vorbei an den Häusern von **Hemisburg** und zum Ufer zurück ~ ab hier auf Asphalt.

ACHTUNG 500 m später ist die Durchfahrt für Menschen mit Herzschrittmacher nicht gestattet, da sich links eine Sendeanlage befindet. Fahren Sie ggf. am Schild links und vorn an der L 586 rechts, dann bei der ersten Möglichkeit hinter Wickensack scharf rechts zum Ufer zurück.

Der unbefestigte Weg trifft auf die **K 36**, hier kurz rechts über die Brücke und gleich wieder links.

AUSFLUG Als Kontrast zu den verspielten Schleifen der Werse bietet sich hier eine kurze unkommentierte Alternative über das Städtchen Wolbeck an.

Wolbeck

PLZ: 48167; Vorwahl: 02506

Westpreußisches Landesmuseum, Am Steintor 5, ✆ 810120, ÖZ: Di-So 10-18 Uhr. Seit 1975 im **Drostenhof**, einem der schönsten Herrenhäuser des Münsterlandes. Ständige Ausstellungen zu Kultur, Kunst und Geschichte Westpreußens sowie wechselnde Sonderausstellungen.

St. Nikolaus mit zahlreichen historischen Kunstschätzen.

Ballone über dem Fluss

Weiter am rechten Werse-Ufer ⇝ der Weg entfernt sich vom Ufer und kommt bei den Häusern von **Haus Dahl** heraus.

Haus Dahl

Hier an der T-Kreuzung kurz links und gleich wieder rechts ⇝ weiter auf Asphalt ⇝ an der T-Kreuzung mit der **K 37** links und über die Werse, dann bei der ersten Möglichkeit rechts in die schmale Asphaltstraße ⇝ am Ende des Asphalts durch die **Durchfahrsperre** und weiter auf dem schmalen Weg ⇝ folgen Sie diesem einige hundert Meter, dann rechts und auf der langen **Fahrradbrücke** über die Werse ⇝ am Ende der Brücke in der Haarnadelkurve scharf links und vor dem Ufer nach rechts

Dichtes Grün an der Werse

⇝ unbefestigt am rechten Werse-Ufer entlang ⇝ unter der **Eisenbahnbrücke** hindurch, dahinter auf Asphalt rechts und gleich wieder links ⇝ bis zur **K 3**, dort links und über die Werse.

Münster, OT Gremmendorf

AUSFLUG An dieser Stelle legen wir Ihnen einen Abstecher ins Zentrum der sehenswerten Radfahrerstadt Münster ans Herz.

„Fahrradhauptstadt" Münster

Münster ist eine Fahrradstadt par excellence. Die rund 280.000 Einwohner

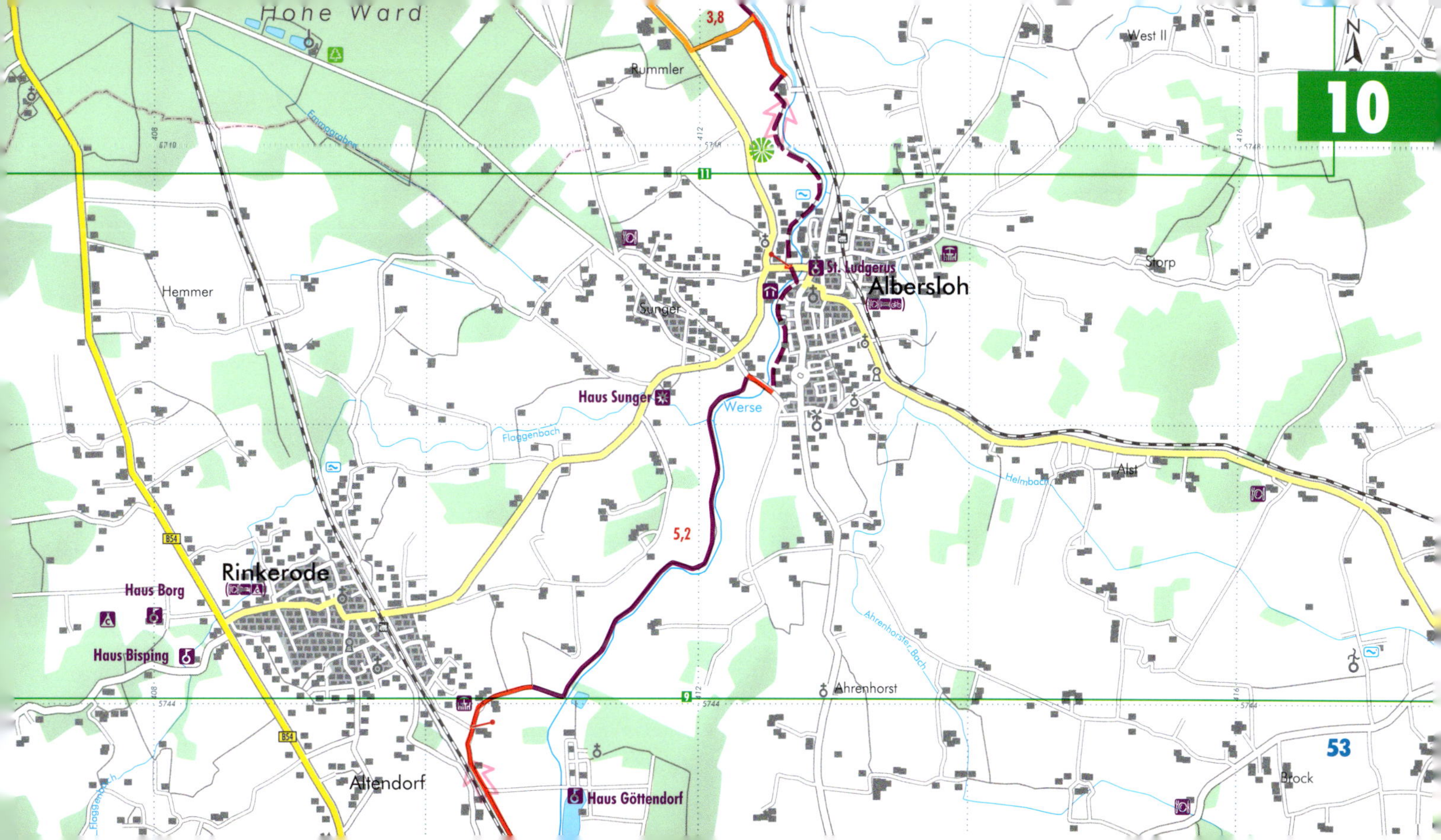

Hohe Ward
3,8
Rummler
West II
N
10
Emmagraben
11
St. Ludgerus
Albersloh
Storp
Hemmer
Sunger
Haus Sunger
Werse
Flaggenbach
Alst
Helmbach
5,2
B54
Rinkerode
Haus Borg
Haus Bisping
Ahrenhorster Bach
Ahrenhorst
9
5744
B54
Altendorf
Haus Göttendorf
Flaggenbach
Brock
53

legen mindestens 50 Prozent aller Entfernungen unter fünf Kilometern mit dem Rad zurück, im Innenstadtbereich wird dazu besonders die rund um den Stadtkern verlaufende Promenade, eine ehemalige Wallanlage, genutzt. Die Stadt bietet die unterschiedlichsten touristischen Angebote zum Thema Fahrrad und beherbergt die größte Radstation Deutschlands. Münster bildet außerdem das Zentrum der münsterländischen Parklandschaft mit dem international bekannten Radelpark und bedeutenden Schlössern im Norden Nordrhein-Westfalens. Als passionierter Pedalritter werden Sie sich hier ganz sicher wohl fühlen!

Prinzipalmarkt, Münster

Ausflug nach Münster 7 km

Weiter geradeaus entlang der K 3 ⇝ geradeaus auf dem **Angelmodder Weg** ⇝ bei der Einmündung des Gremmendorfer Weges dem Linksknick der Straße folgen ⇝ noch vor den Bahngleisen halbrechts Richtung Münster Zentrum ⇝ auf dem Radweg rechts der Gleise ⇝ unter der Eisenbahnbrücke hindurch ⇝ an der Ampelkreuzung rechts in den **Neumannsweg** ⇝ dem Straßenverlauf im Linksknick folgen ⇝ rechts ist der Fernsehturm von Münster zu sehen ⇝ auf einer Brücke über die B 51, wenig später über den **Dortmund-Ems-Kanal** ⇝ dahinter auf der **Schillerstraße** geradeaus

Dom zu Münster

Richtung Altstadt ⇝ an der Ampelkreuzung über den **Hansaring** geradeaus in die **Fahrradstraße** ⇝ an einem kleinen Park vorbei, über die **Bremer Straße** und direkt vor dem Bahnhof rechts in die kleine Straße ⇝ an der T-Kreuzung links in die **Wolbecker Straße** und unter den Gleisen hindurch ⇝ weiter auf einer Radfahrspur und über die große **Eisenbahnstraße** ⇝ bei der ersten Gelegenheit rechts in die kopfsteingepflasterte **Salzstraße** ⇝ über einen kleinen Parkstreifen mit Radwegen ⇝ auf

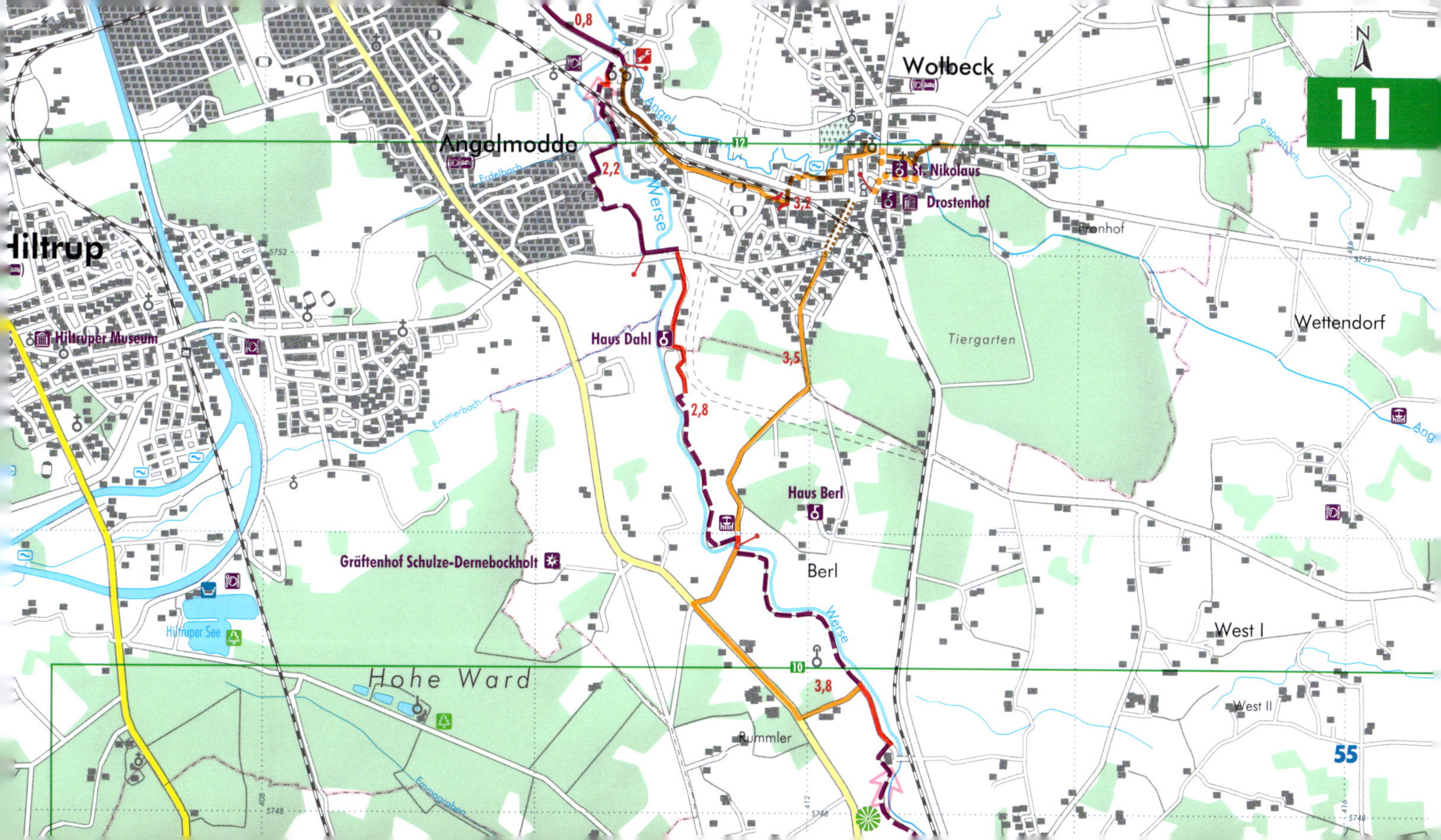
11
Wolbeck
Angelmodde
Hiltrup
Hiltruper Museum
St. Nikolaus
Drostenhof
Fronhof
Wettendorf
Tiergarten
Haus Dahl
Haus Berl
Berl
Gräftenhof Schulze-Dernebockholt
Hiltruper See
Hohe Ward
Rummler
West I
West II
Werse
Angel
Emmerbach
Erdelbach
Piepenbach
0,8
2,2
3,2
3,5
2,8
3,8
12
10

der Salzstraße bis zum **Prinzipalmarkt** mitten in die schöne und alte Innenstadt.

Münster

PLZ: 48143; Vorwahl: 0251

- **Tourist Information**, Heinrich-Brüning-Str. 9, ✆ 4922710, www.tourismus-muenster.de
- **Domkammer**, Horsteberg, ✆ 495587, ÖZ: Di-So 11-16 Uhr. Religiöse und künstlerische Kultur der Bischofskirche aus 10 Jahrhunderten.
- **Droste-Museum Haus Rüschhaus** im OT Nienberge nordwestlich der Stadt, ✆ 02533/1317, Führungen: Mai-Okt., Di-So, 10, 11, 12 Uhr und 14-17 Uhr stündlich; März-April, Nov.-Dez., Di-So 11, 12, 14, 15 Uhr. Im barocken Rüschhaus (18. Jh.) sind Bilder, Handschriften und Kleinodien von Annette von Droste-Hülshoff zu sehen.
- **Hiltruper Museum**, Zur alten Feuerwache 26, ✆ 02501/25206, ÖZ: So 15-17 Uhr

St. Lamberti, Münster

- **Karnevalsmuseum**, Paohlbürgerhof, Heumannsweg 127, ✆ 315927, ÖZ: Mo-Fr 16-18 Uhr
- **Lackkunstmuseum**, Windthorststr. 26, ✆ 418510, ÖZ: Mi-So 12-18 Uhr, Di 12-20 Uhr.
- **Freilichtmuseum Mühlenhof**, Theo-Breider-Weg 1, ✆ 981200, ÖZ: 16. März-Okt., Mo-So 10-18 Uhr, Nov.-15. März, Mo-Sa 13-16.30 Uhr, So 11-16.30 Uhr, andere Zeiten n. V. möglich. Freilichtmuseum mit Bockwindmühle, Rossmühle, Bachhaus, Spieker, Mühlenhaus und Gräftenhof.
- **Orgelmuseum**, Sessendrupweg, OT Nienberge, ✆ 02533/2210, ÖZ: n. V. Modelle, Großfotos, Orgeldetails
- **Stadtmuseum** Im Salzhof, Salzstr. 28, ✆ 4924503, ÖZ: Di-Fr 10-18 Uhr, Sa, So/Fei 11-18 Uhr. Das Museum zeigt eine große Schausammlung zur Geschichte und Kulturgeschichte der Stadt Münster.
- **Westfälisches Landesmuseum für Kunst und Kulturgeschichte**, Dompl. 10, ✆ 590701, ÖZ: Di-So 10-18 Uhr. Bildwerke des Frühmittelalters, Glasmalerei, Skulpturen, Kunsthandwerk und Landesgeschichte bis zur Gegenwart, Impressionismus, Expressionismus, Bauhaus, Konstruktivismus u. a.
- **Westfälisches Landesmuseum für Naturkunde mit Planetarium**, Sentruper Str. 285, ✆ 59105, ÖZ: Di-So 9-18 Uhr. Astronomie, Mineralogie, Geologie, Paläontologie, u. a.
- **Archäologisches Museum der Universität**, Dompl. 20/22, ✆ 8324581, ÖZ: Di-So 14-16 Uhr
- **Geologisch-paläontologisches Museum der Universität**, Pferdegasse 3, ✆ 8323942, ÖZ: Di-Fr 9-17 Uhr, Sa 10-17 Uhr, So/Fei 14-17 Uhr

Münster – Schloss

Am Roggenmarkt, Münster

Grafikmuseum Pablo Picasso, Königsstr. 5, ✆ 4144710, ÖZ: Di-Fr 11-18 Uhr, Sa, So/Fei 10-18 Uhr

Liebfrauen- oder Überwasserkirche. Die hohe, lichte Hallenkirche aus dem 14. Jh. hat den mächtigsten gotischen Kirchturm Westfalens, dem jedoch seit einem Orkan die Haube fehlt. Überwasserkirche bedeutet „über dem Wasser", also jenseits des Ems-Nebenflusses Aa.

St.-Paulus-Dom. Monumentalbau aus der Zeit zwischen romanischem und gotischem Baustil. Die Astronomische Uhr aus dem 16. Jh. blieb gänzlich erhalten.

St. Lamberti. Die Hallenkirche im Stil der westfälischen Spätgotik beherbergt das höchstgelegene Dienstzimmer Münsters – die Türmerstube, die über 298 Stufen erreichbar ist (nicht zu besichtigen).

Schloss (1767-73). Die dreiflügelige Anlage von J. C. Schlaun wurde nach dem Krieg wieder originalgetreu aufgebaut, heute beherbergt sie die Universität.

Rathaus mit Friedenssaal, ✆ 4292724, ÖZ: Di-Fr 10-17 Uhr, Sa, So/Fei 10-16 Uhr. In den 1950er-Jahren wurde das Rathaus originalgetreu wieder aufgebaut. Das gotische Bogenhaus stammte ursprünglich aus dem 14. Jh., besonders sehenswert ist die alte Ratskammer, auch der Friedenssaal genannt (in Bezug auf den westfälischen Frieden 1648).

Erbdrostenhof in der Salzstraße, im 18. Jh. vom Barockarchitekten Johann Conrad Schlaun erbaut.

Kuhviertel, traditionsreiches Vergnügungsviertel mit zahlreichen Studentenkneipen und gemütlichen Restaurants

Münster

Kreativkai, ein Szeneareal am alten Stadthafen mit Jazzclub, Kunsthalle, Clubs und Gastronomie in alten Speicherhäusern

Aasee-Park. Mit einer Fläche von ca. 90 ha bilden der künstliche See und die angrenzenden Grünflächen Münsters größtes Freizeit- und Erholungsgebiet. Anfang 2009 wurde der Aasee-Park zu Europas schönstem Park gekürt.

Altstadtführungen, Stadt Lupe Münster e. V., ✆ 4922770; Statt Reisen Münster e. V., ✆ 4140333

Allwetterzoo, Sentruper Str. 315, ✆ 89040, ÖZ: April-Sept. 9-18 Uhr, Okt.-März 9 Uhr bis zum Einbruch der Dämmerung. Über 358 Arten, 3.600 Tiere; Delphinarium; Westfälisches Pferdemuseum Hippomaxx, Sentruper Str. 311, ✆ 4842724; Tropenhalle für Elefanten, Streichelzoo. Einmalig ist der Allwettergang, der alle Tierhäuser miteinander verbindet.

Botanischer Garten, im Schlossgarten, ÖZ: 15. März-Okt. 8-17 Uhr, Nov.-14. März, 8-16 Uhr. 4,6 ha Freilandfläche und 2.000 m² Gewächshäuser.

- **Europäisches Vogelschutzgebiet „Rieselfelder“**, Coermühle 181 (im Norden Münsters), Info ✆ 161760
- **Radstation Münster Hundt KG**, Berliner Pl. 27 a (am Hauptbahnhof), ✆ 4840170
- **Fahrzeughaus Gust**, Handorfer Str. 2, ✆ 324766
- **Terra Verde**, Überwasserstr. 13, ✆ 56653
- **Zweirad Weigang**, Grevener Str. 434, ✆ 212345
- **Canu-Camp**, Sendenhorster Str. 18, ✆ 02535/95052
- **Hof zur Linde**, Handorfer Werseufer 1, ✆ 0251/32750
- **Landhaus Eggert**, Zur Haskenau 81, ✆ 0251/328040
- **Keßlers Landhaus**, Raringheide 226, ✆ 02501/27810

Am Prinzipalmarkt, Münster

- **Fahrrad Look**, Dingbänger Weg 249, ✆ 0251/2107444
- **Stadtteilauto Münster**, Mondstr. 158 a, ✆ 3832314
- **Zweiradhaus Hölscher**, Marktallee 8-10, ✆ 7740

Die Geschichte Münsters beginnt mit Karl dem Großen und dem friesischen Missionar Liudger, den der Kaiser ausgesandt hatte, das Sachsenland zu bekehren. 793 kam Liudger in die Siedlung an der Aa, die damals den Namen Mimigernaford trug. Seine Missionsreise war von Erfolg gekrönt. Bereits 805 wurde sein neu errichtetes Kloster auf dem Horsteberg zum Bischofssitz erhoben und er selbst zum Bischof ernannt. Bischöfe und Fürstbischöfe hatten in der stetig wachsenden Stadt bis zur Herrschaftsübernahme durch die Preußen im Jahre 1816 das Sagen.

Jenseits der kirchlichen Befestigungsanlage siedelten Kaufleute, Handwerker und Krämer, mit deren Einzug der Wohlstand und das Ansehen der Stadt stieg. In dieser Marktsiedlung vor den Toren der Domburg entstand die Lambertikirche als Gemeindekirche für die wachsende Stadtbevölkerung. 1368 wurde Münster als Mitglied in die Hanse aufgenommen. Pestepidemien und Stadtbrände im Laufe der Jahrhunderte konnten aber das Wachstum der Siedlung nicht stoppen. Das 16. Jahrhundert war geprägt durch die kriegerisch niedergeschlagene Reformationsbewegung der Täufer, welche schließlich in großer Zahl getötet wurden. Die Leichname der Anführer wurden zur Abschreckung in Käfigen an den Turm der Lambertikirche

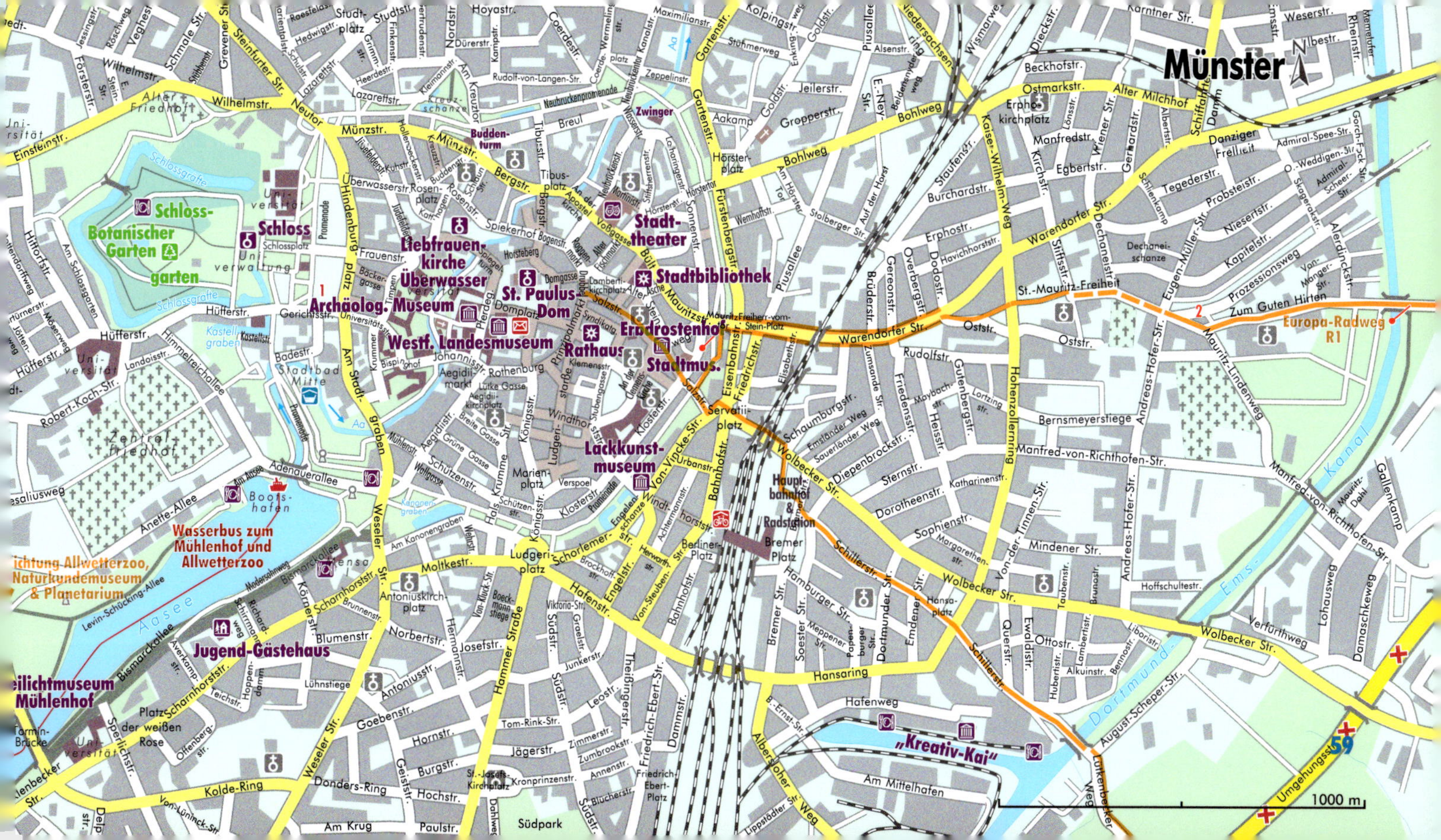
Münster
Schloss-
Botanischer
Garten
garten
Schloss
Uni-
versität
Universität
Schlossplatz
Uni-
verwaltung
Schlossgräfte
Liebfrauen-
kirche
Überwasser
Archäolog. Museum
St. Paulus
Dom
Westf. Landesmuseum
Rathaus
Stadtmus.
Erbdrostenhof
Stadtbibliothek
Stadt-
theater
Buddenturm
Zwinger
Lackkunst-
museum
Haupt-
bahnhof
&
Radstation
Bremer
Platz
Servatii-
platz
Ludgeri-
platz
Wasserbus zum
Mühlenhof und
Allwetterzoo
Richtung Allwetterzoo,
Naturkundemuseum
& Planetarium
Aasee
Boots-
hafen
Jugend-Gästehaus
Freilichtmuseum
Mühlenhof
„Kreativ-Kai"
Europa-Radweg
R1
Zentral-
friedhof
Stadtbad
Mitte
Dortmund-Ems-Kanal
Hansaring
Wolbecker Str.
Warendorfer Str.
Hohenzollernring
Kaiser-Wilhelm-Ring
Bohlweg
Ostmarkstr.
Alter Milchhof
Münzstr.
Bergstr.
Hindenburgplatz
Am Stadtgraben
Weseler Str.
Hammer Straße
Moltkestr.
Scharnhorststr.
Bismarckallee
Kolde-Ring
Umgehungsstr.
Schillerstr.
Hafenweg
Am Mittelhafen
Südpark
Steinfurter Str.
Einsteinstr.
Wilhelmstr.
Neutor
Hüfferstr.
Robert-Koch-Str.
Adenauerallee
Manfred-von-Richthofen-Str.
Mauritz-Lindenweg
St.-Mauritz-Freiheit
Zum Guten Hirten
Prinzipalmarkt
Salzstr.
Ludgeristraße
Von-Vincke-Str.
Eisenbahnstr.
Bahnhofstr.
Albersloher Weg
Lippstädter Str.
Friedrich-Ebert-Str.
Südstr.
Hafenstr.
Schorlemerstr.
Aegidiistr.
Königsstr.
Rothenburg
Domplatz
Spiekerhof
Tibusplatz
Hörsterplatz
Gartenstr.
Fürstenbergstr.
Steinfurter Str.
Kolpingstr.
Danziger Freiheit
Dechaneistr.
Hoffschultestr.
Verfürthweg
Lohausweg
Damaschkeweg
Gallenkamp
Ostmarkstr.
Jugend-Gästehaus
Blumenstr.
Goebenstr.
Hornstr.
Jägerstr.
Burgstr.
Hochstr.
Paulstr.
Am Krug
Donders-Ring
Platz der weißen Rose
Torminbrücke
1000 m
59

Auf dem Werse-Radweg bei Münster

gehängt. Noch heute kann man die Käfige dort betrachten.

Im 17. Jahrhundert stand Münster im Mittelpunkt der europäischen Geschichte, als hier am 15. Mai 1648 in der Ratskammer, dem heutigen Friedenssaal des Rathauses, der Teilfrieden zwischen Spanien und den Niederlanden geschlossen wurde. Damit konnte ein erster Schlussstrich unter den Dreißigjährigen Krieg gezogen werden.

Die schlimmsten Zerstörungen musste Münster im Laufe seiner Geschichte im Zweiten Weltkrieg hinnehmen. Steht man heute am Prinzipalmarkt – in Münsters „guter Stube" –, ist es kaum vorstellbar, dass rund 90 Prozent der Altstadt zerstört waren. Die Münsteraner bauten ihre Stadt jedoch nach historischen Plänen wieder auf, so auch den Giebel des Rathauses, der ursprünglich aus dem 14. Jahrhundert stammte.

ANSCHLUSS Wollen Sie nicht auf demselben Weg zurückfahren, empfehlen wir Ihnen diese Direktverbindung zur Pleistermühle. Ihnen entgeht dabei kein charakteristischer Abschnitt entlang der Werse.

Zurück zum Werse-Radweg 5 km

Fahren Sie auf der **Salzstraße** zurück zum Grünstreifen und dort links in den breiten Radweg ~ an der Gabelung kurz darauf nicht geradeaus in die Unterführung, sondern rechts vor zur Kreuzung Mauritz- Ecke Eisenbahnstraße ~ rechts auf die **Mauritz-**, später **Warendorfer Straße** ~ über die **Friedenstraße**, wenig später rechts in die **Oststraße** und gleich wieder links in den **Mauritzsteinpfad** ~ geradeaus über den **Hohenzollernring** ~ weiter auf dem Radweg und diesem in einem Linksrechtsknick vorbei an der Kirche durch den Parkstreifen folgen ~ der Radweg endet an der Straße **Sankt-Mauritz-Freiheit** ~ hier rechts und deren Linksbogen folgen ~ weiter auf dieser Straße, jetzt

Zurück zur Werse

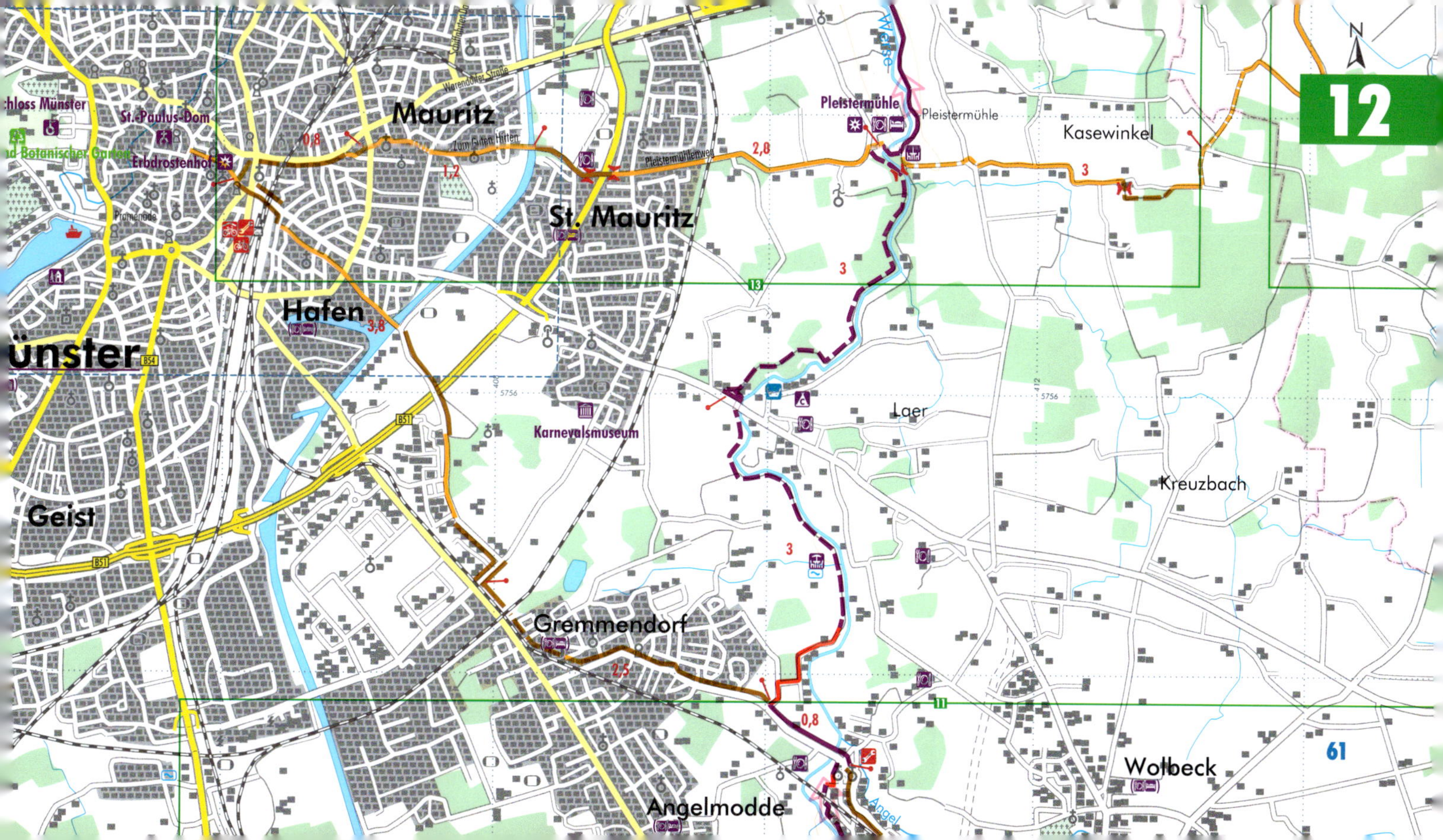

12
Mauritz
St. Mauritz
Hafen
ünster
Geist
Gremmendorf
Angelmodde
Wolbeck
Laer
Kreuzbach
Kasewinkel
Pleistermühle
Karnevalsmuseum
St.-Paulus-Dom
Erbdrostenhof
Promenade
Werse
Angel
Pleistermühlenweg
Warendorfer Straße
Zum Guten Hirten
B54
B51
0,8
1,2
2,8
3
3,8
2,5
13
11
5756
61

Fussgängerbrücke bei Gremmendorf

Mauritz-Lindenweg, zunächst kurz auf Kopfsteinpflaster ~ geradeaus über die **Andreas-Hofer-Straße**, ab hier wieder asphaltiert ~ weiter geradeaus auf der Straße **Zum guten Hirten**.

Europaradweg R1

Bis zur Pleistermühle fahren Sie nun einige Kilometer auf dem Europaradweg R1. Dieser verbindet auf 3500 Kilometern durch neun europäische Staaten den Ärmelkanal bei Boulogne-sur-Mer mit St. Petersburg am Finnischen Meerbusen. Der R1 passiert dabei u. a. Städte wie Den Haag, Berlin, Kaliningrad und Riga.

Über den Dortmund-Ems-Kanal ~ am Ende der Straße auf einer Fußgängerbrücke über die Bundesstraße und weiter geradeaus auf dem **Pleistermühlenweg**.

Münster, OT Sankt Mauritz

Über die **Mondstraße** ~ unter dem Bogen der Eisenbahnbrücke hindurch ~ dem gewundenen Straßenverlauf bis zur **Pleistermühle** folgen ~ bei der Mühle am **Parkplatz** rechts in den **Pleistermühlenweg**.

ANSCHLUSS Bei den Häusern und Anlagen der Pleistermühle haben Sie den Werse-Radweg wieder erreicht.

Von Gremmendorf nach Gelmer 18 km

Auf der Hauptroute von der K 3 bei Gremmendorf kurz vor einem **Sportplatzgelände** der Beschilderung folgend rechts auf die asphaltierte Straße

Pleistermühle

~ nach 150 m deren Rechtsbogen folgen, kurz darauf an der T-Kreuzung links und nach 100 m rechts auf der Asphaltstraße bleiben, ⚠ hier nicht vom Radweg-Schild irritieren lassen ~ die Straße heißt **Am hohen Ufer** ~ weiter auf den unbefestigten Weg und in einer S-Kurve zum Werse-Ufer ~ mehrere Kilometer schlängelnd entlang des Flusses ~ unter einer ansehnlichen Fußgänger-Brücke hindurch, gleich darauf über die kleine Brücke des Loddenbaches ~ weiter auf Asphalt ~ auf Holzplanken unter der Brücke der **L 793** hindurch, direkt dahinter dem Linksbogen folgen und etwas hinauf ⤳ an der T-Kreuzung auf den kleinen Asphaltweg scharf rechts Richtung Handorf.

TIPP Auch von hier können Sie der Beschilderung folgend nach Münster hinein fahren.

Dann unbefestigt weiter und zunächst durch Wald zurück zum Ufer ⤳ auf unbefestigtem Weg immer entlang der Werse bis zur Pleistermühle.

An der Pleistermühle

Pleistermühle

Pleistermühle mit historischem Gebäudeensemble an den Mühlteichen. Zahlreiche touristische Angebote.

Werse-Mühlen: Pleister Mühle

Die 1320 erstmals urkundlich erwähnte „Pleister Mühle" ist vermutlich die älteste Gaststätte der Bauernschaft Werse und blickt auf eine über 200jährige Geschichte zurück.

Da im 19. Jh. Holz für den Schiffbau in Papenburg über die Werse zur Ems geflößt wurde, schätzten auch die damaligen Flößer die gastliche Seite der Mühle. Das Überleben der Pleister Mühle und anderer Häuser als Gastwirtschaft ist wohl den vielen Wassersportlern zu verdanken, die die Werse schon vor langer Zeit als ideales Revier entdeckten.

Die ursprüngliche Ölmühle wurde zu Anfang des 20. Jahrhunderts in ein Sägewerk umgewandelt, die daneben bestehende Kornmühle befand sich noch bis in die 1960er Jahre in Betrieb.

Wersebogen mit Seerosen

Der Weg endet am **Parkplatz** der Mühle, hier rechts weiter auf Verbundsteinpflaster und gleich nochmals rechts, zwischen den **Mühlteichen** hindurch ⤳ dem Linksbogen folgen und direkt hinter der Mühle am Wehr über die Werse und den Pleisterbach.

TIPP Wenn Sie hinter der Brücke rechts fahren, kommen Sie über eine unkommentierte, jedoch ausgeschilderte Alternativroute direkt nach Telgte. Sie können dadurch 22 km abkürzen.

Uferwald

Handorf

PLZ: 21447; Vorwahl: 04133

Kath. Kirche **St. Petronilla**

Auf dem Werse-Radweg hinter der Brücke links Richtung Handorf ⤳ zunächst rechts um einige Häuser herum, dann vorbei an Feldern direkt entlang des rechten Ufers ⤳ der Radweg entfernt sich nach rechts vom Ufer und kommt am **Biergarten Nobiskrug** heraus ⤳ durch den Biergarten bis kurz vor den Gleisen, dort links vor dem Gebäude entlang und dahinter im leichten Bogen hinunter zum Ufer ⤳ unter der Brücke von Eisenbahn und B 51 hindurch ⤳ dahinter rechts hoch und nach 50 m dem Linksbogen folgen, nun wieder ufernah ⤳ der Weg endet an der **Pröbstingstraße**, hier links und wenig später der Beschilderung folgend wieder links in den unbefestigten Weg **Wersepättken** ⤳ an dessen Ende nach rechts in die schmale Gasse, nun wieder an der Werse ⤳ bei der Einmündung von links unten dem Rechtsbogen des Weges folgen ⤳ beim von rechts einmündenden Wald- und Feldweg leicht links versetzt geradeaus ⤳ im leichten Linksbogen am Rand einer Wiese vorbei, nach 100 m bei der Bank scharf links ⤳ auf einer schönen Fahrradbrücke über eine Werseschlinge und weiter geradeaus in einem Linksbogen auf Asphalt ⤳ vorbei an der riesigen Kronenbuche und hindurch zwischen alten Rhododendren, dann durch ein schmiedeeisernes Tor ⤳ hinter dem Tor rechts Richtung Handorf und auf der breiten **Boniburgallee** bis zur stark befahrenen **K 7** bzw. **Südmühlenstraße** ⤳ diese überqueren und kurz nach links ⤳ nach 150 m der Beschilderung Richtung Ladbergen und Gelmer folgend nach rechts ⤳ vor den Bäumen auf dem schlecht befestigten **Privatweg** nach rechts ⤳ am Zaun zum Hof **Schulze-Leusing** halblinks ⤳ T-Kreuzung mit einem asphaltierten Radweg rechts und dem Linksbogen bis zur Straße folgen ⤳ beim Ende des Asphalts

Havichhorst

Ufer der Werse

weiter auf einem schmalen Waldweg entlang des Wersetals ~ dieser endet an einer asphaltierten Straße vor der **Sudmühle**.

Sudmühle

- **Werse-Park Sudmühle**, Dyckburgstr. 468, ☎ 0251/ 324240. Erlebnisgastronomie, Kanuverleih, Beachvolleyball und Freibad.

Werse-Mühlen: Sudmühle

Die erstmals im 13. Jahrhundert erwähnte Sudmühle wurde ab dem 16. Jahrhundert als Walkmühle genutzt, um Tuch und Filz

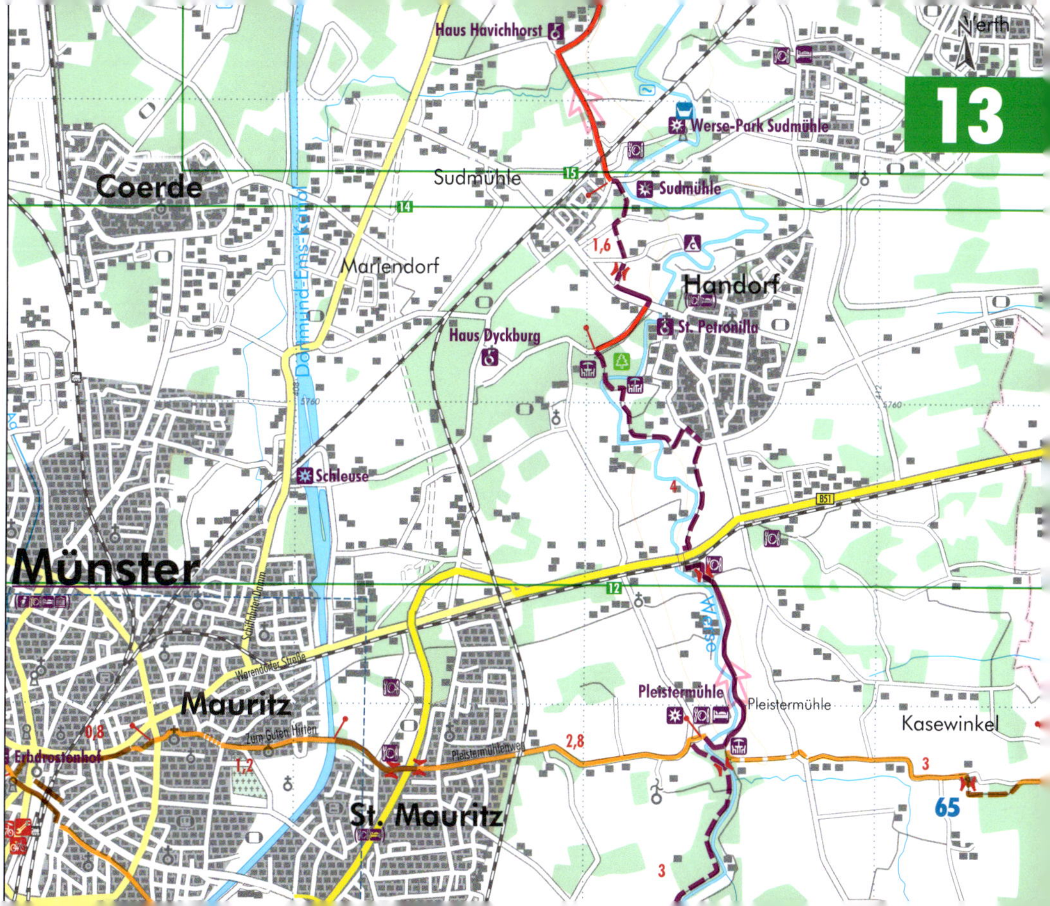

herzustellen. Später wurde die Mühle zur Stromerzeugung genutzt. Zuletzt gab es einen Betrieb als Kornmühle. Heute ist sie die letzte noch aktive Mühle an der Werse.

Hier nach links Richtung Gelmer und im Rechtsbogen zur Straße ~ rechts und an dieser entlang ~ an der abbiegenden Vorfahrt geradeaus weiter ~ zwischen zwei Steinpfeilern hindurch und hinein in das **Gut Havichhorst** ~ an der T-Kreuzung rechts ins Gelände der Westfälischen Reit und Fahrschule hinein ~ hinterm Gut im leichten Linksbogen.

Werse-Mühlen: Havichhorster Mühle

Die auf das Jahr 1318 datierende Havichhorster Mühle wurde bis 1880 mit Wasserrädern betrieben und dann auf Turbinen umgestellt. Bis in die 1960er Jahre wurde hier Korn gemahlen. Seit 1988 produziert hier eine Wasserkraftanlage der Stadtwerke Münster 240.000 kWh Strom im Jahr.

Havichhorster Mühle

Havichhorster Mühle

Bei der **Havichhorster Mühle** im Rechtsbogen um den großen Speicher, zwischen Speicher und Mühle entlang und über die Werse ~ dahinter auf Schotter im leichten Linksbogen ~ nach 150 m links und gleich nochmals links auf einem Schotterweg entlang einer Wiese ~ Sie sehen die Mühlengebäude noch einmal von hinten ~ am Ende des Feldes rechts und gleich wieder links auf einem schmalen Schotterweg zwischen den Häusern

Bei der Havichhorster Mühle

hindurch ~ leicht links versetzt über den Hof, die schmale Asphaltstraße queren und im Linksbogen auf einen breiten Weg.

Eggert

Links befindet sich der Eingang zum **Ringhotel** ~ nach 100 m folgen Sie dem Rechtsbogen ~ vor dem Waldrand kurz nach der Linkskurve auf einer kleinen Holzbrücke über die tief im Tal liegende Werse ~ hinter der Brücke weiter auf Schotter, am Ende folgen Sie der Rechts-Links-Kurve zum **Parkplatz**.

Ems nahe der Wersemündung

TIPP Wollen Sie die Mündung der Werse in die Ems sehen, fahren Sie vor dem Parkplatz geradeaus. Ihnen entgeht jedoch der Dortmund-Ems-Kanal und dessen Trogbrücke über die Ems.

Alternative zur Wersemündung 2,2 km

Nicht links über den Parkplatz, sondern geradeaus in die Straße **Werseesch** ~ im Linksbogen leicht bergauf, zuletzt parallel der Landstraße ~ rechts die

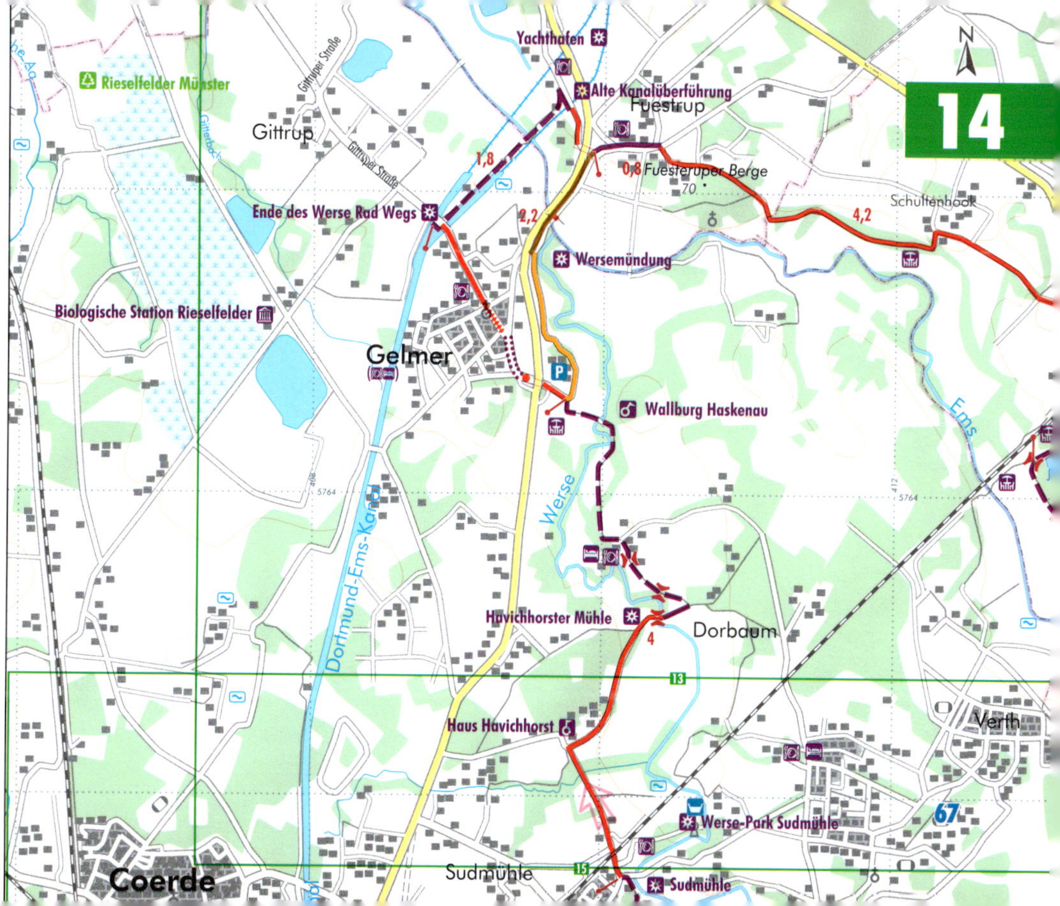

Landschaft mit den letzten Schlingen der Werse liegt ca. 6 m tiefer ⇝ über die **K 45** und rechts auf dem Radweg bis zur Emsbrücke ⇝ direkt dahinter nochmals über die Straße und in den kleinen Weg ⇝ von der Einmündung können Sie die Mündung der Werse in die Ems sehen.

Auf der Hauptroute geradeaus entlang des Parkplatzes ⇝ unter der Brücke der **L 587** hindurch und mit der Vorfahrtstraße rechts abbiegen.

Dortmund-Ems-Kanal

Gelmer

Bei der ersten Gelegenheit links in die Kopfsteinpflasterstraße und dem Rechtsbogen in Richtung **Kirche** folgen ⇝ nach 50 m weiter auf Asphalt ⇝ die letzten Meter des Werse-Radwegs führen auf die Brücke über den **Dortmund-Ems-Kanal**, von der sich ein Blick lohnt.

Kurz vor der Mündung

Dortmund-Ems-Kanal

Der Name des 265 Kilometer langen Kanals ist durchaus wörtlich zu nehmen, denn dieser verbindet den Stadthafen von Dortmund mit der Ems nahe Meppen. Der künstliche Teil endet indessen etwa nach der Hälfte bei der Schleuse Gleesen, von hier aus geht es im Wesentlichen auf der kanalisierten Ems weiter.

Über sieben Jahre wurde an dem Kanal gebaut, bevor er im August des Jahres 1899 eröffnet wurde, und zwar von Kaiser Wilhelm höchstpersönlich. Der Kanal sollte die überforderte Eisenbahn im Transport aus dem Ruhrgebiet entlasten.

Beim Alten Schiffshebewerk Henrichenburg, dem berühmtesten Bauwerk des Kanals und bis 1962 in Betrieb, wurde ein Höhenunterschied von 14 Metern überwunden.

Der Verlauf des Kanals überquert auf Brücken mehrere Flüsse, darunter die Lippe, die Stever und die Ems. Auf Gewölbebrücken wird der Kanal jeweils über die Flüsse geführt, im Fall der Lippe auf beeindruckenden 15 Metern Höhe.

Entlang der Ems nach Rheda-Wiedenbrück 81,1 km

Der letzte und längste Abschnitt folgt dem Ems-Radweg und schließt die Runde. Vom Dortmund-Ems-Kanal geht es entlang der noch schmalen Ems zurück nach Rheda-Wiedenbrück. Auf dieser entspannenden Passage über Wäldchen, Felder und Weiden treffen Sie auf die sehenswerten Städte Telgte und Warendorf und kommen auch nach Kloster Marienfeld. Immer wieder queren Sie die Ems. Kurz vor dem Ziel bietet sich ein Abstecher in die Stadt Gütersloh entlang des kleinen Baches Dalke an. Schließlich können Sie die Tour im Start- und Zielort Rheda-Wiedenbrück ausklingen lassen.

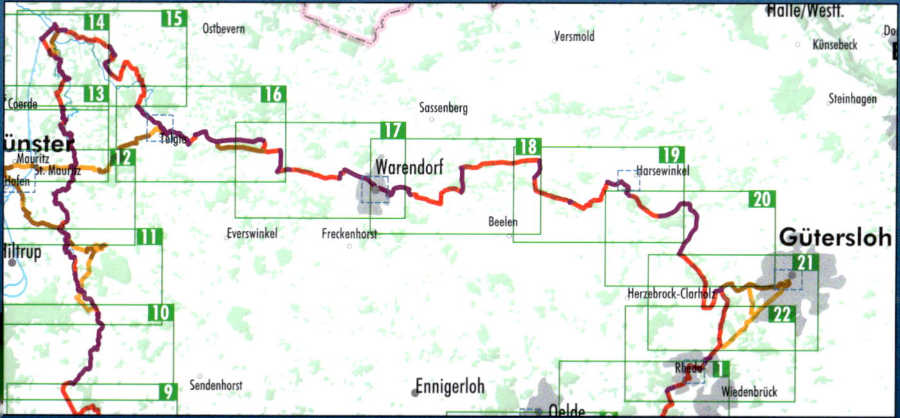

Auch auf dem Emsradweg geht es fast ausschließlich ruhig und steigungsfrei zu, in den Passagen direkt am Fluss auch auf separaten Radwegen. Meist fahren Sie jedoch entlang ruhiger Landstraßen, dabei oft auf straßenbegleitenden Radwegen.

Von Gelmer nach Telgte 17 km

TIPP Vom Ende des Werse-Radwegs an dieser Stelle geht es entgegen der Fließrichtung weiter auf dem Ems-Radweg bis Rheda-Wiedenbrück.

Noch vor der Brücke rechts in den **Ems-Radweg** ~ folgen Sie dem unbefestigten Weg entlang des stillgelegten Seitenkanals ~ auf einer Brücke über die Ems, links haben Sie einen Blick auf die Trogbrücke des Dortmund-Ems-Kanals über die Ems ~ vor der nächsten Straßenbrücke in einem Linksbogen hoch zur Straße und dort scharf rechts auf die **K 55** ~ über den stillgelegten Kanal ~ unter der **L 587** hindurch und bis zur nächsten Vorfahrtstraße.

Scheune bei Althoff

AUSFLUG Auch von hier bietet sich ein kurzer Abstecher zur Wersemündung an, fahren Sie dazu ca. 500 m nach rechts.

An der T-Kreuzung links auf den Radweg und entlang der **K 45** ~ hinter den Häusern rechts in die **Fuestruper Straße**, kurz darauf bei der Gabelung links halten ~ durch Felder, dann etwas durch Wald zu Füßen der Fuestruper Berge ~ durch Felder und Wäldchen immer den Windungen der Straße folgen ~ etwas nach dem **Rastplatz** bei **Althoff** links und gleich wieder rechts ~ an der nächsten Kreuzung halblinks geradeaus entlang der Telegraphenmasten ~ bei

Die Bever bei Haus Langen

der **L 588** rechts auf den Radweg und über die Bahngleise, dann gleich rechts auf die Fahrradrampe und in der Haarnadelkurve hinunter zu den Gleisen.

Vadrup

Davor links und auf der Straße entlang ~ der Links-Rechts-Kurve folgen ~ 500 m später unbefestigt weiter, links liegt der **Josefsee** ~ an der Dreieckskreuzung links Richtung Ost- und Westbevern, nun schmaler ~ weiter geradeaus auf

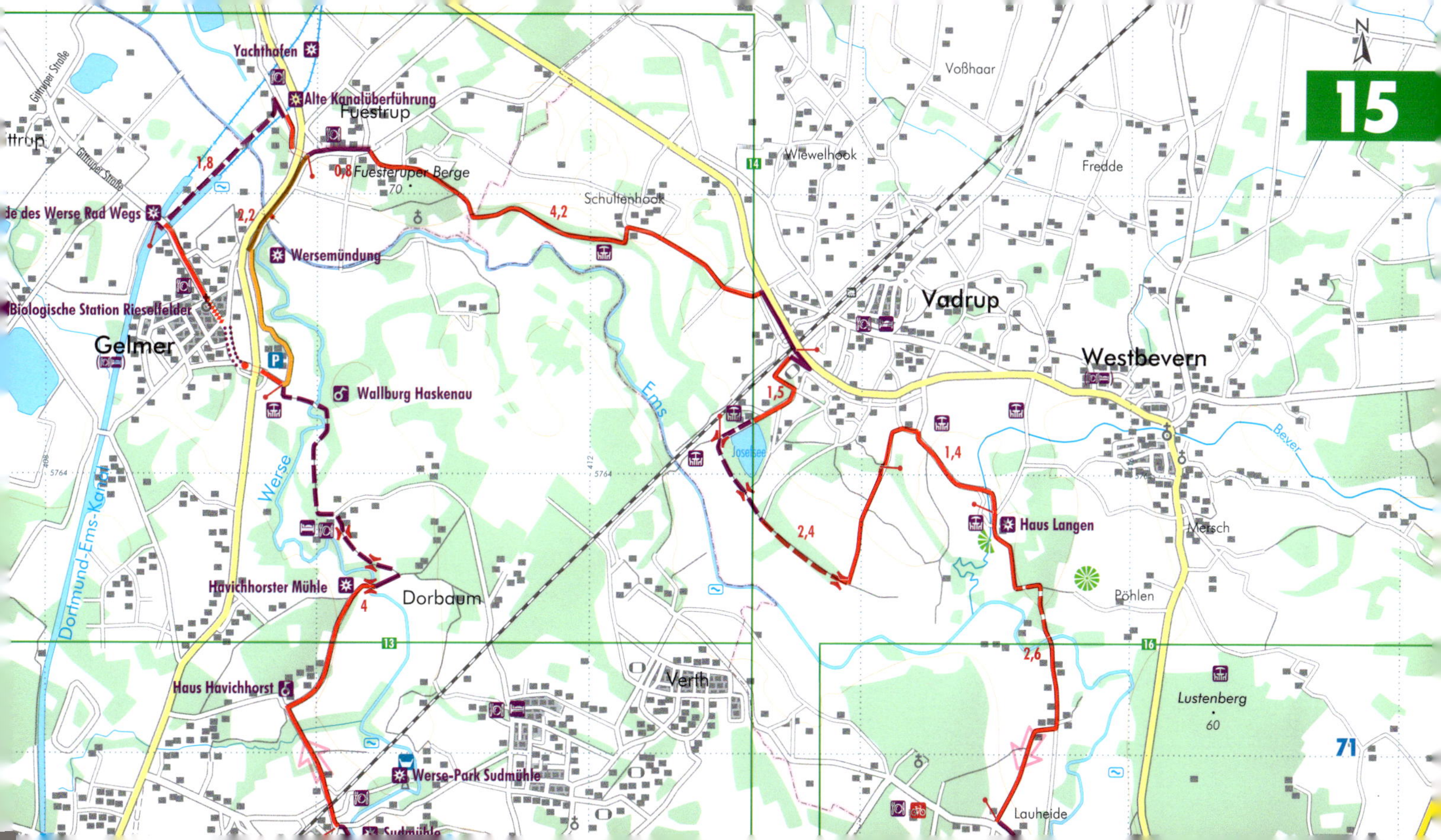
15
Yachthafen
Alte Kanalüberführung
Fuestrup
Fuesteruper Berge
70
Gittruper Straße
1,8
0,8
2,2
4,2
de des Werse Rad Wegs
Wersemündung
Schultenhook
Biologische Station Rieselfelder
Gelmer
Wallburg Haskenau
Werse
Ems
Dortmund-Ems-Kanal
Havichhorster Mühle
4
Dorbaum
Haus Havichhorst
Werse-Park Sudmühle
Sudmühle
Verth
Voßhaar
Wiewelhook
Fredde
Vadrup
Westbevern
1,5
Joselsee
2,4
1,4
Haus Langen
Mersch
Bever
Pöhlen
2,6
Lustenberg
60
Lauheide
14
13
16
5764
412
408

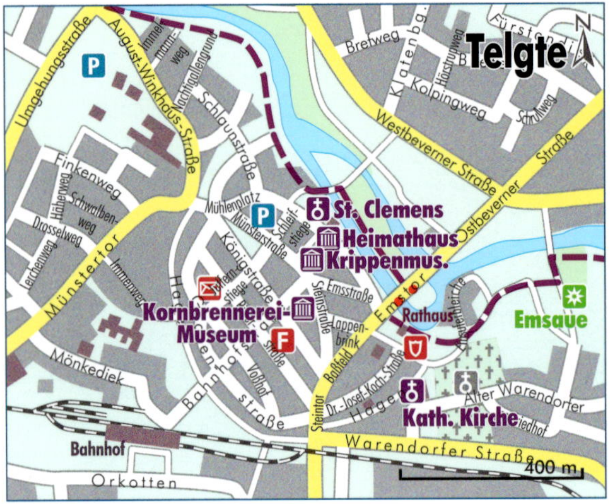

einer breiten Schotterstraße ~ an der T-Kreuzung links, nun auf Asphalt ~ bei **Beermann** vor den Häusern rechts halten, dann an der Gabelung bei der kleinen Kapelle rechts und weiter rechts auf die Asphaltstraße ~ an der nächsten Gabelung bleiben Sie links auf der Asphaltstraße ~ auf einer kleinen Brücke über die **Bever** und in einer Rechtskurve zum **Haus Langen**.

Haus Langen

Beim **Rastplatz** und der Wehranlage geradeaus ~ kurz darauf der Linkskurve folgen und weiter auf Schotter, wenig später am Infopunkt wieder rechts und der breiten geschotterten Waldstraße folgen ~ und über die Ems, ab hier wieder asphaltiert ~ zwischen einigen Backsteingebäuden hindurch ~ vorbei an **Remkamp** und **Wilhelmer** und hinter den Häusern der S-Kurve folgen ~ an der **K 17** links Richtung Telgte ~ am Kreisverkehr geradeaus ~ unter der Brücke der B 51 hindurch ~ direkt dahinter zweigt der Radweg links auf den kleinen Uferweg ab ~ vor der **Kirche** links auf

Wehranlage bei Haus Langen

der Holzbrücke über die Ems, dahinter leicht rechts und auf dem Radweg weiter auf der Ems-Insel ~ über eine kleine Holzbrücke und zur Straße **Baßfeld**, hier rechts und über den Fluss.

INS ZENTRUM: Wenn Sie hier rechts fahren, können Sie in die Telgter Innenstadt um den Marktplatz gelangen.

Telgte

PLZ: 48291; Vorwahl: 02504

Stadttouristik Telgte, Kapellenstr. 2, ✆ 690100, www.telgte.de

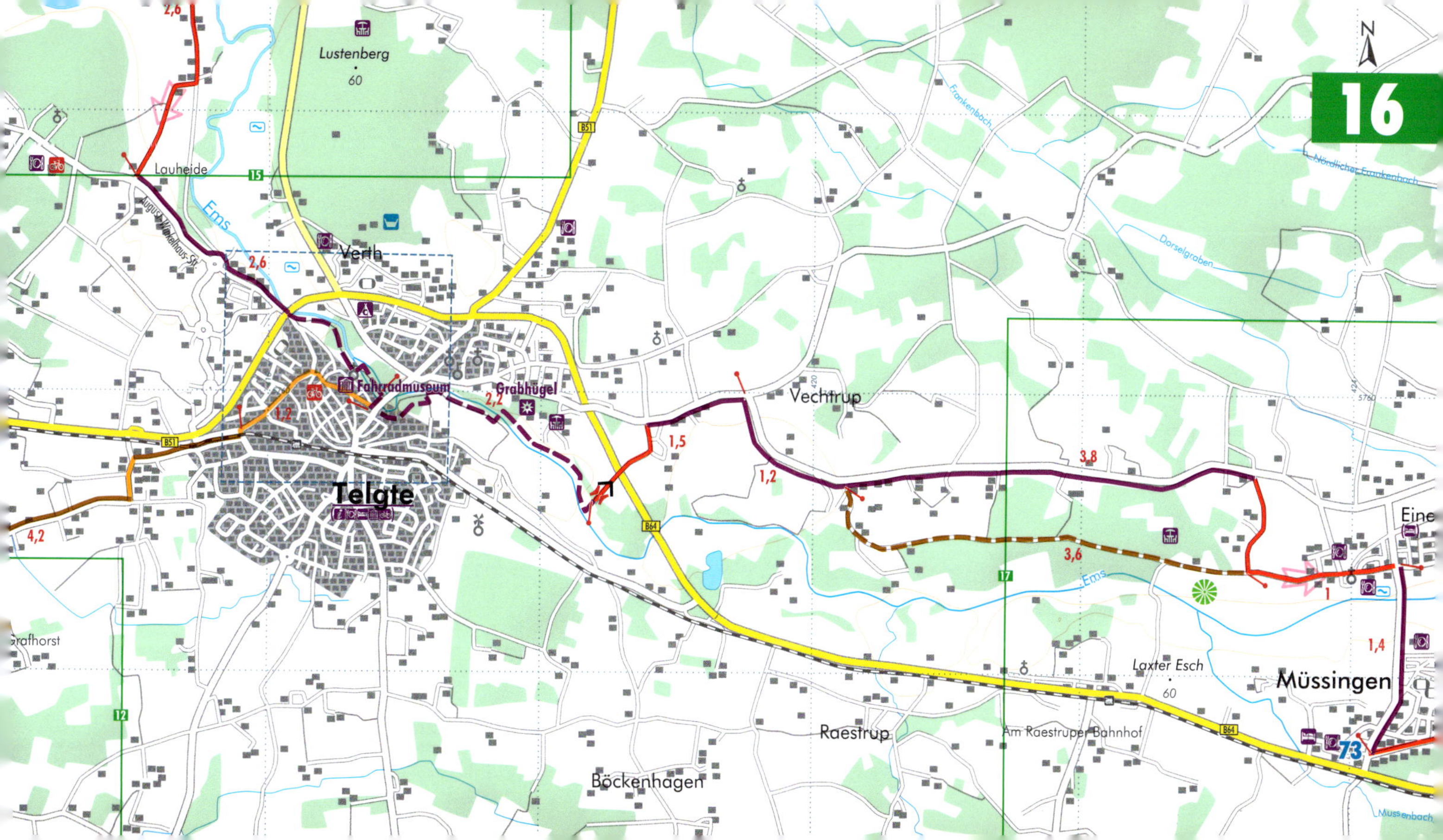

16
Lustenberg
60
Lauheide
August-Winkelhaus-Str.
Ems
Verth
2,6
Fahrradmuseum
Grabhügel
2,2
1,2
Vechtrup
1,5
1,2
3,8
Telgte
4,2
B51
B64
3,6
Ems
17
15
12
Eine
1
1,4
Grafhorst
Laxter Esch
60
Müssingen
Raestrup
Am Raestruper Bahnhof
Böckenhagen
73
Frankenbach
Nördlicher Frankenbach
Dorselgraben
Mussenbach

Emswehr in Telgte

Fahrradmuseum, ÖZ: Mo-Fr 9-12 u. 14-17.30 Uhr; Mai-Sept. auch Sa 9-12 Uhr. In den Räumen der Stadttouristik wird eine Ausstellung historischer Fahrräder und Zubehör von 1900 bis in die Gegenwart gezeigt.

Museum Heimathaus Münsterland, in der ehemaligen Pastoratsscheune, Herrenstr. 1, ✆ 93120, ÖZ: Sa und So 11-18 Uhr. Gezeigt wird religiöse Volkskunst, das kostbarste Ausstellungsstück ist das „Telgter Hungertuch" aus dem Jahre 1623.

Krippenmuseum, Herrenstraße/Kapellenstraße, ÖZ: Di-So 11-18 Uhr. Thema: Geschichte der Krippenkunst.

Kornbrennerei-Museum, Steinstraße, ✆ 690100, ÖZ: bei Ausstellungen und n. V.

Pfarr- und Probsteikirche **St. Clemens** (um 1522), spätgotischer Hallenkirchenbau westfälischen Typs. Noch aus dem romanischen Vorgängerbau stammen das mit Silber beschlagene Kreuz sowie die um 1460 entstandenen „Apostelfiguren" aus Baumberger Sandstein.

Barocke Gnadenkapelle, der achteckige Turm mit dem grünen Kupferdach wurde 1657 erbaut. Jährlich pilgern bis zu 100.000 Menschen zur „Schmerzhaften Mutter" von Telgte, eine aus Pappelholz geschnitzte Pieta, die bereits seit dem 15. Jh. verehrt wird.

Maria-Geburts-Markt. Am Dienstag nach Mariä Geburt (Sept.) lädt die Stadt zum größten Pferde- und Krammarkt des Münsterlandes.

Stadttouristik, ✆ 690100

König, Grabenstr. 1, ✆ 77119

Von Telgte nach Warendorf — 18 km

Unmittelbar hinter der Brücke, der Rad-Wegweiser ist leicht zu übersehen, über die Straße und zwischen Konditorei und Ufer in den kleinen Weg und entlang der Ems ~ der Weg wird breiter ~ an der Gabelung, deren rechter Ast in den Wald geht, links halten und zwischen Teichen hindurch ~ bei der folgenden

An der Ems hinter Telgte

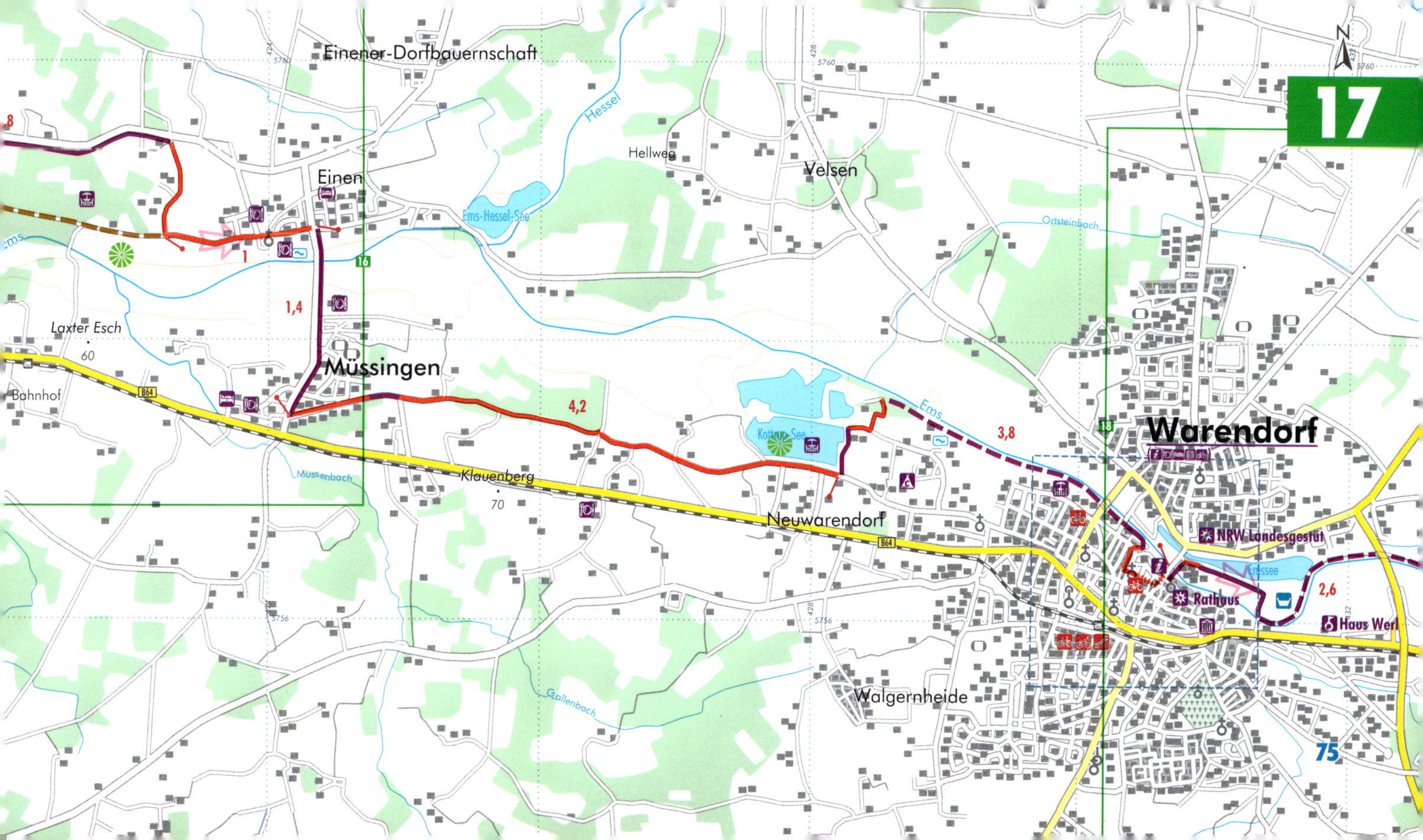

17
Einener-Dorfbauernschaft
Hessel
Hellweg
Velsen
Einen
Ems-Hessel-See
Ortsteinbach
Ems
1
16
1,4
Laxter Esch
60
Müssingen
Bahnhof
B64
4,2
Kottrup-See
Ems
3,8
18
Warendorf
Mussenbach
Klauenberg
70
Neuwarendorf
B64
NRW Landesgestüt
Emssee
2,6
Rathaus
Haus Werl
Walgernheide
Gallenbach
75

Gabelung rechts und kurz darauf beim Infopunkt 19 links in den kreuzenden Weg ~ kurz darauf am Emsufer rechts auf den unbefestigten Uferweg ~ bei der nächsten **Brücke** über den Fluss, geradeaus geht es zur Motte, Sie fahren rechts entlang des linken Emsufers ~ der Weg wird schmaler und führt links an einem kleinen Teich vorbei ~ wenig später links weg von der Ems, ab der **Sperre** auf Asphalt ~ geradeaus und auf der Brücke über die B 64 ~ vor dem **Hof Everwin** dem Linksbogen folgen ~ an der Kreuzung rechts und nun länger entlang der **K 17** ~ vorbei an den Häusern von **Schulze-Zumkley** und bei der nächsten Möglichkeit rechts Richtung Warendorf ~ dem Verlauf der Straße folgen ~ mehrere Kilometer durch Felder und kleine Wäldchen ~ kurz durch Wald, dann wenig später bei der übernächsten Kreuzung rechts in die Straße **Einener Dorfbauerschaft** ~ vorbei an den Häusern von **Schulze-Westhoff** ~ an der T-Kreuzung links weiter auf der Asphaltstraße.

Marktplatz, Warendorf

St. Laurentius, Warendorf

Einen

Im Ort durch ein Wohngebiet, dann vorbei an der Kirche ~ an der **Einener Straße** rechts Richtung Müssingen ~ über die Ems und nach **Müssingen**.

Müssingen

Kurz vor der Bundesstraße scharf links in den **Alten Münsterweg**, ab Ende der Bebauung weiter als Radweg ~ geradeaus weiter auf der kleinen Asphaltstraße ~ kurz darauf für gut einen Kilometer durch Wald, den **Fredebusch** ~ weiter geradeaus ~ über die Kreuzung mit der Straße **Neu-Warendorf** ~ vor dem Gehöft links in den kleinen Splittweg entlang des verdeckten Seeufers, zunächst in einem leichten

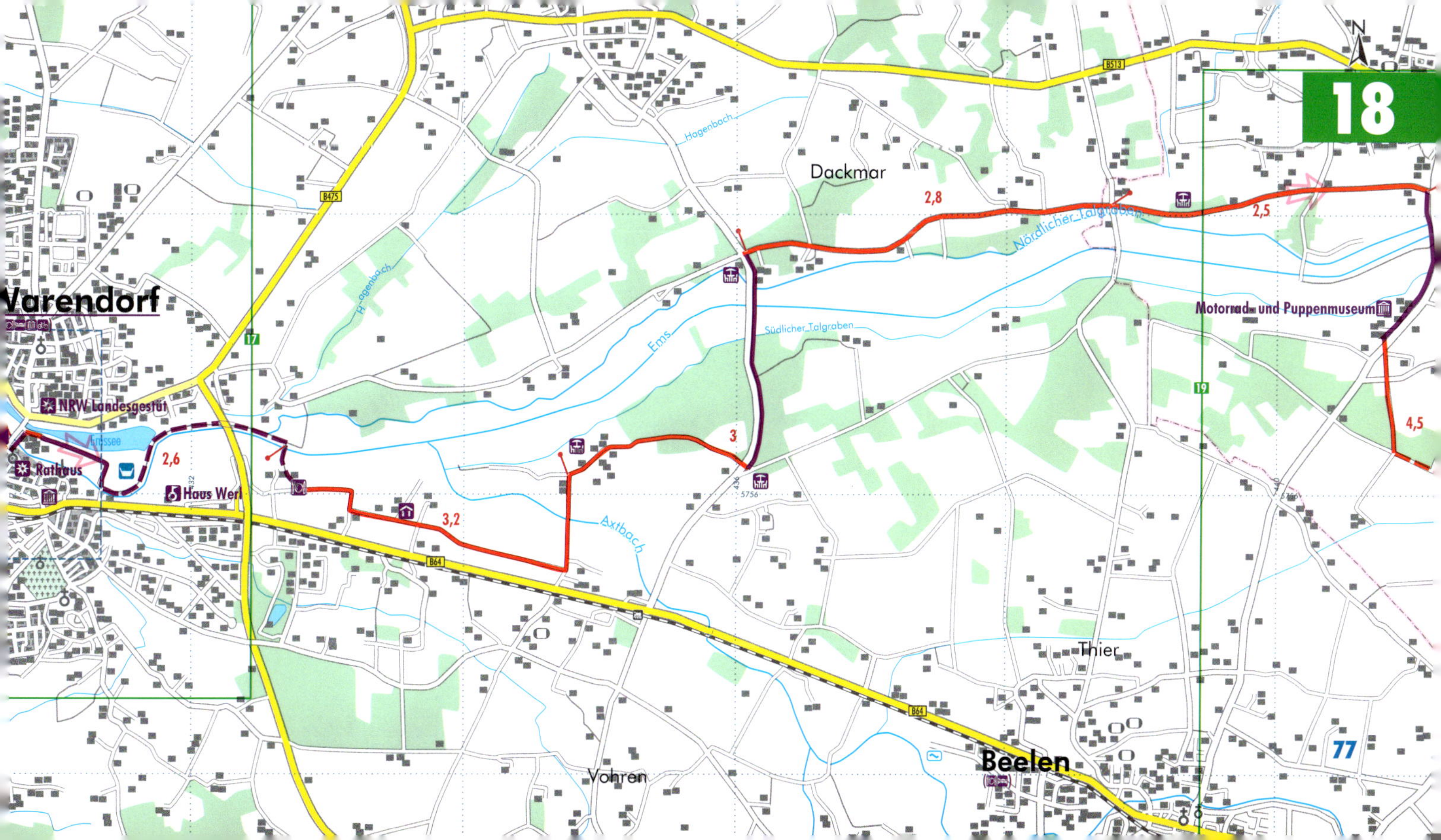
18
Warendorf
NRW Landesgestüt
Rathaus
Emssee
Haus Werl
2,6
3,2
3
2,8
2,5
4,5
Dackmar
Hagenbach
Nördlicher Talgraben
Südlicher Talgraben
Ems
Axtbach
Motorrad- und Puppenmuseum
B475
B513
B64
17
19
Thier
Vohren
Beelen
77

Kurz vor Warendorf

Rechts-Links-Schwenk ~ wenig später an der T-Kreuzung rechts auf Asphalt und bald wieder links, um den **Zeltplatz** herum ~ am Ende bei den Häusern geradeaus in den unbefestigten Weg und im Rechtsbogen ans Ufer der Ems ~ nun dem rechten Ufer mehrere Kilometer bis ins Zentrum von Warendorf folgen ~ vorbei an einer blaugrünen **Fußgängerbrücke** ~ unter der **Straßenbrücke** hindurch ~ über die nächste Straße und geradeaus in den schmalen Radweg ~ bei der hölzernen Fußgängerbrücke am rechten Emsufer bleiben ~ vor der Infosäule rechts halten, ⚠ hier fehlt evtl. die Beschilderung ~ halbrechts in die Straße **Münsterwall** und geradeaus in die Spielstraße ~ am **Marienkirchplatz** links in die **Fleischhauerstraße** ~ bald auf Katzenkopfpflaster direkt zum wunderschönen **Marktplatz**.

Warendorf

PLZ: 48231; Vorwahl: 02581

Verkehrsverein Warendorf e. V., Emsstr. 4, ✆ 787700, www.vv-waf.de, www.emsweg.de

Dezentrales Stadtmuseum „Gadem", Zuckertimpen 4 (1920er Jahre); Haus Bispineck, Münsterstr. 19 (Historismus); Haus Klosterstr. 7 (Klassizismus); Torschreiberhaus, Oststr. 59; ÖZ: So/Fei 15-17 Uhr und n. V. An verschiedenen Standorten können Sie originalgetreu restaurierte Häuser besuchen.

St. Laurentius. Gotische Hallenkirche von 1404 mit Westbau aus wilhelminischer Zeit, bedeutendste Ausstattungsstücke: Tafelbildaltar von 1414 und barockes Gnadenbild der Jungfrau Maria.

St. Marien, um 1200 gegründet, nur der Turm blieb erhalten. Daneben die 1911/12 erbaute Basilika.

Franziskanerkirche und Kloster, Baubeginn 1652, einschiffiger Saalbau mit spätbarocker Ausstattung, schlichtes Klostergebäude mit reich ornamentierter Klosterpforte.

Historisches Rathaus, Markt 1, ✆ 54230, ÖZ: Di-Fr 15-17 Uhr, Sa, So 10.30-12.30 Uhr, So auch 15-17 Uhr

Am Markt in Warendorf

Am Ufer der Ems

- **Historische Altstadt und Marktplatz** mit alten Giebelhäusern aus dem 16. Jh.
- **Bentheimer Turm** (nach 1200), einst Teil der Stadtbefestigung.
- **Nordrhein-Westfälisches Landgestüt**, Sassenberger Straße, ✆ 3505. Das Warendorfer Gestüt hat bedeutende Erfolge in der Pferdezucht, Nachkommen der Warendorfer Hengste gehören zur Weltelite im Reitsport.
- **Warendorfer Hengstparade**, im NRW-Landgestüt, Ende Sept.-Anfang Okt.

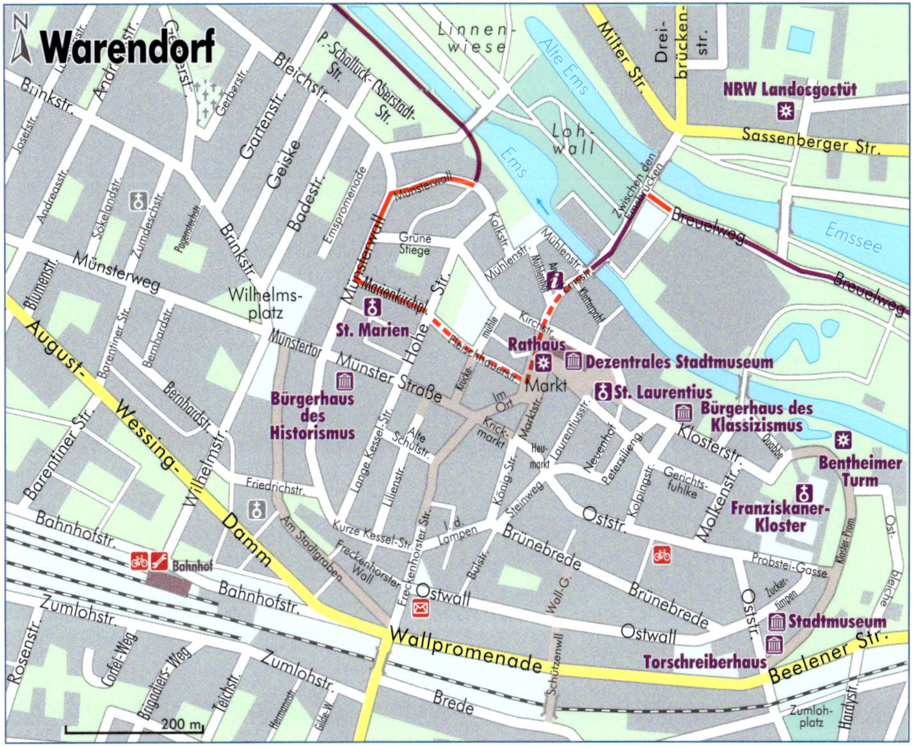

Brücke zwischen Ems und Emssee, Warendorf

Bundeschampionate des deutschen Reit-, Dressur-, Spring-, Vielseitigkeits- und Fahrpferdes und der deutschen Dressur- und Springponys, Anfang Sept.

Radstation am Bahnhof, Bahnhofstr. 11, ✆ 787700 (Gepäckservice)

Fahrradgeschäft Neehus, Oststr. 19, ✆ 2558

Zweiradcenter Dahlhues, ✆ 633735

Warendorf hat eine 1.200jährige Geschichte. Seine Blütezeit als Handwerker-, Handels- und Hansestadt lässt sich bis heute im Straßenbild deutlich ablesen. Die naturräumliche Lage an der Ems trug wesentlich zu dieser Entwicklung bei. Die leichten Sandböden der Emsregion gaben den Ausschlag für die Ansiedlung des Königlich Preußischen Landgestüts 1826, das sich heute im Besitz des Landes Nordrhein- Westfalen befindet. Zahlreiche bedeutende Institutionen folgten: Deutsches Olympiade-Komitee für Reiterei, Deutsche Reiterliche Vereinigung, Deutsche Reitschule, Sportschule der Bundeswehr. Ihre Erfolge in der Zucht und im Sport und damit verbundenen bedeutenden Großveranstaltungen haben das Profil Warendorfs als Pferdestadt geprägt.

Von Warendorf nach Harsewinkel 24 km

Am Marktplatz direkt links und noch vor dem Rathaus in die Gasse hinunter zum Fluss ~ auf der alten Steinbrücke über die Ems ~ vor dem **Emssee** rechts Richtung Freibad und durch den Park zwischen Ems und Emssee ~ weiter auf dem **Breulweg**, vor den Sportanlagen rechts auf dem asphaltierten Radweg ~ vor der Emsbrücke links in den breiten Radweg und im Linksbogen am Emsufer entlang ~ über die **weitgeschwungene Brücke** zwischen Ems und Emssee, dahinter wieder am Ufer entlang ~ unter der B 475

An der Ems hinter Warendorf

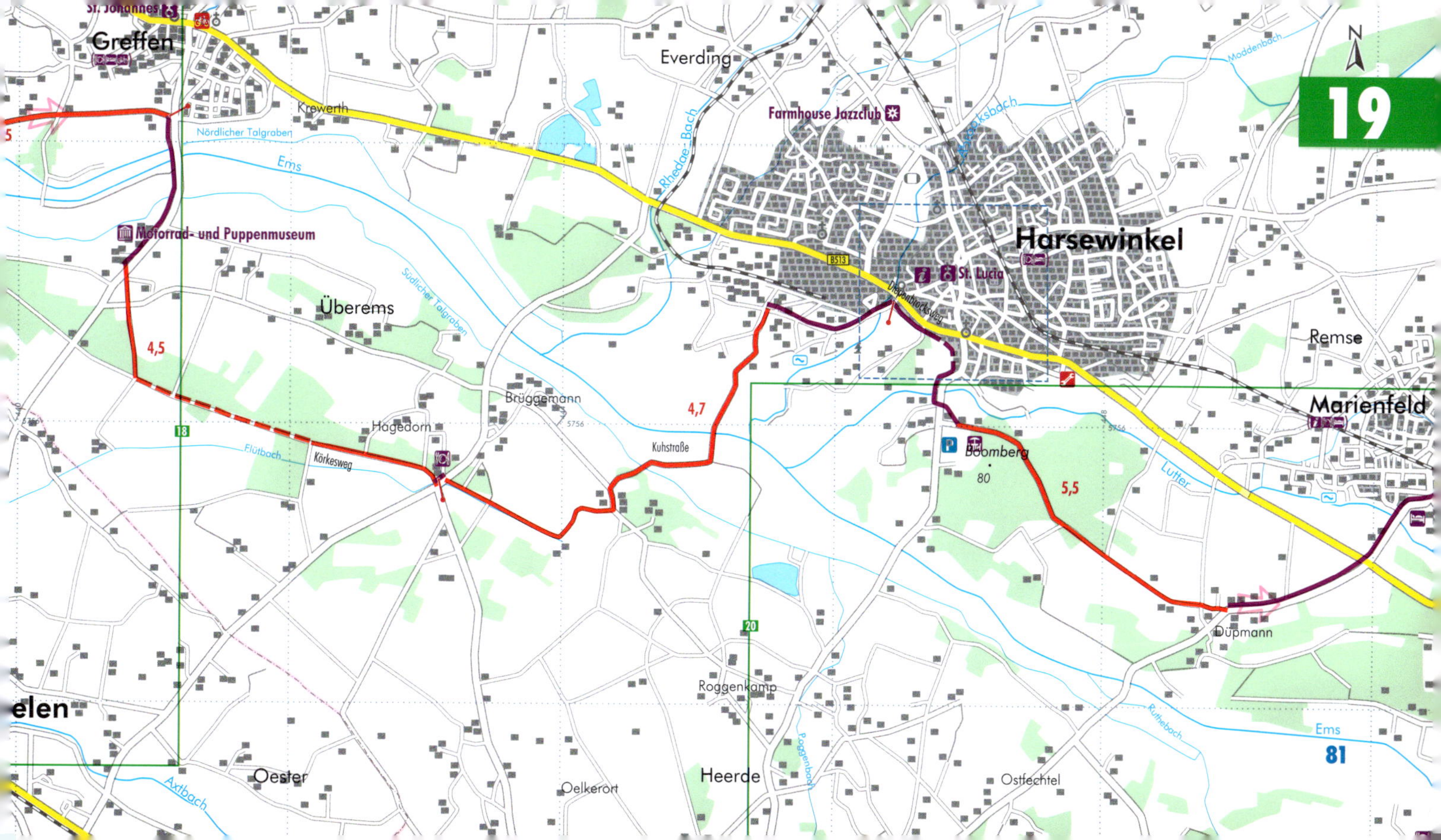

St. Johannes
Greffen
Krewerth
Everding
Farmhouse Jazzclub
19
Moddenbach
Nördlicher Talgraben
Ems
Rhedae-Bach
Harsewinkel
Motorrad- und Puppenmuseum
B513
St. Lucia
Überems
Südlicher Talgraben
Remse
4,5
Brüggemann
4,7
Marienfeld
Hagedorn
Flütbach
Körkesweg
Kuhstraße
Boomberg
80
5,5
Lutter
18
20
Düpmann
Roggenkamp
elen
Ruthebach
Ems
81
Oester
Heerde
Oelkerort
Ostfechtel
Axtbach
Poggenbach

hindurch ⁓ auf einer schmalen Holzbrücke über den Jungferngraben, kurz darauf beim Infopunkt rechts über die Ems ⁓ hinter der Brücke geradeaus durch die Felder ⁓ durch ein Drängelgitter und am **Wirtshaus** vorbei.

Whs. Herrlichkeit

An der T-Kreuzung links auf den **Mühlenweg** ⁓ nach der Rechtskurve bei den Teichen wieder links ⁓ an der T-Kreuzung links ⁓ über den **Axtbach** ⁓ bei den Häusern von **Sechelmann** der Rechtskurve und dem Straßenverlauf folgen, dann in einem großen Rechtsbogen zur **K 18** ⁓ dort links und erstmals durch Kiefernmischwald ⁓ über den Südlichen Talgraben, die Ems und den Nördlichen Talgraben ⁓ wenig später an der Kreuzung rechts in den **Warendorfer Landweg** ⁓ auf dieser kleinen Asphaltstraße mehrere Kilometer durch Wald und Feld ⁓ über die Vorfahrtstraße **Neumühlenstraße** und vorbei an einem Silo ⁓ wenig später ein Rastplatz ⁓ geradeaus über den **Brambrückenweg**.

Greffen

PLZ: 33428; Vorwahl: 02588

Motorrad- und Puppenmuseum, Beelenerstr. 32, ✆ 1381, ÖZ: Ostern-Okt., So 11-17 Uhr u. n. V. Hier sind über 200 Motorräder aus der ersten Hälfte der 20. Jhs. sowie Motorroller und Nutzfahrzeuge zu sehen. Außerdem gibt es auch noch eine Sammlung von 1.000 alten Puppen.

St.-Johannes-Kirche

Fahrradverleih, Hauptstr. 38, ✆ 890

Hinter den ersten Häusern von Greffen bei der L 831 rechts ⁓ entlang der befahrenen Straße nochmals über die Ems ⁓ einen knappen Kilometer hinter der Ems halblinks in die **Behlener Straße** ⁓ über die nächste Kreuzung in die Sackgasse hinein ⁓ am Waldrand vor den Feldern links in die Schotterstraße und immer am Waldrand entlang ⁓

Boomberge in Harsewinkel

ab **Nordemann** wieder befestigt ⁓ im leichten Rechtsbogen zur **K 22**, hier links und gleich wieder rechts in die Straße **Kortenhegge** ⁓ durch Felder entlang einer Baumreihe ⁓ folgen Sie dem Straßenverlauf in einer Links- und einer Rechtskurve ⁓ an der T-Kreuzung mit der **Sprockenbrink-Straße** links und ca. 80 m später vor dem Feld rechts in die **Kuhstraße** ⁓ durch Fel-

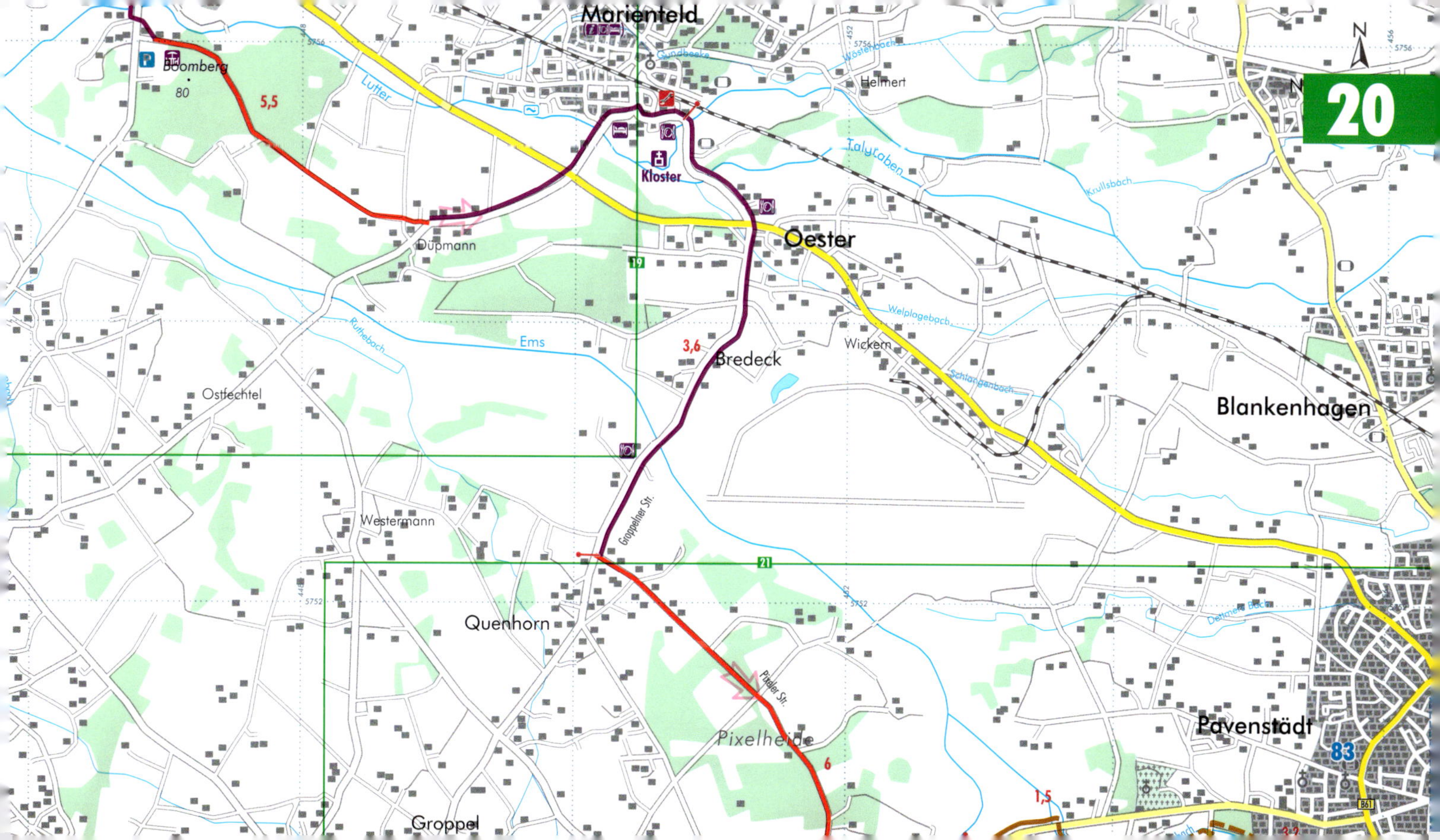

20
Marienfeld
Boomberg
80
5,5
Lutter
Gundbeeke
Wöstenbach
Helmert
Kloster
Talgraben
Krullsbach
Düpmann
Oester
19
Welplagebach
Ruthebach
Ems
3,6
Bredeck
Wickern
Schlangenbach
Ostfechtel
Blankenhagen
Westermann
Groppelner Str.
21
Dettmers Bach
Quenhorn
Pixeler Str.
Pavenstädt
Pixelheide
6
83
1,5
B61
Groppel

der und kleine Waldstückchen ~ bei der nächsten Einmündung von links in diese abbiegen, dann auf einer kleinen Brücke über die Ems ~ nach einer leichten S-Kurve geradeaus in die **Tüllheide** ~ an der Vorfahrtstraße **Mühlenwinkel** über die Straße und auf deren Radweg nach rechts ~ vor Ihnen liegt die Innenstadt von **Harsewinkel**.

Harsewinkel

PLZ: 33428; Vorwahl: 05247

Stadt Harsewinkel, Münsterstr. 14, ☎ 935107, www.harsewinkel.de

St.-Lucia-Kirche (1860), Bauwerk der Neugotik. Die Pfarrei wurde bereits im Mittelalter gegründet.

Farmhouse Jazzclub, Oesterweger Str. 49, ☎ 2989, mit überregional bedeutsamen Auftritten.

Im bereits 1090 erstmals erwähnten Harsewinkel finden seit 1963 jährlich Jazzkonzerte statt. Der Farmhouse Jazzclub e. V., einer der ältesten Jazzclubs Deutschlands, veranstaltet das ganze Jahr über Konzerte.

Von Harsewinkel nach Rheda-Wiedenbrück 22 km

An der stark befahrenen **B 513** rechts ~ 250 m später halbrechts in den **Diepenbrocksweg** ~ wenig später an der **K 14** halbrechts und über die **Lutter** ~ gleich darauf halblinks und gleich nochmal links in die Straße **Boomberge** ~ vorbei am **Wander-Parkplatz** und auf Asphalt durch den Wald ~ bis zum Drängelgitter am Waldrand, dahinter geradeaus auf die Straße **Heckerheide** ~ an der nächsten Vorfahrtstraße halb links auf den linksseitigen Radweg ~ entlang der **L 806** ~ an der **Ampelkreuzung** über die B 513 geradeaus ~ nochmals über die **Lutter**.

Marienfeld – Glascafé

Marienfeld

PLZ: 33428; Vorwahl: 05247

Bürgerbüro Harsewinkel, Münsterstr. 14, ☎ 935200, www.harsewinkel.de

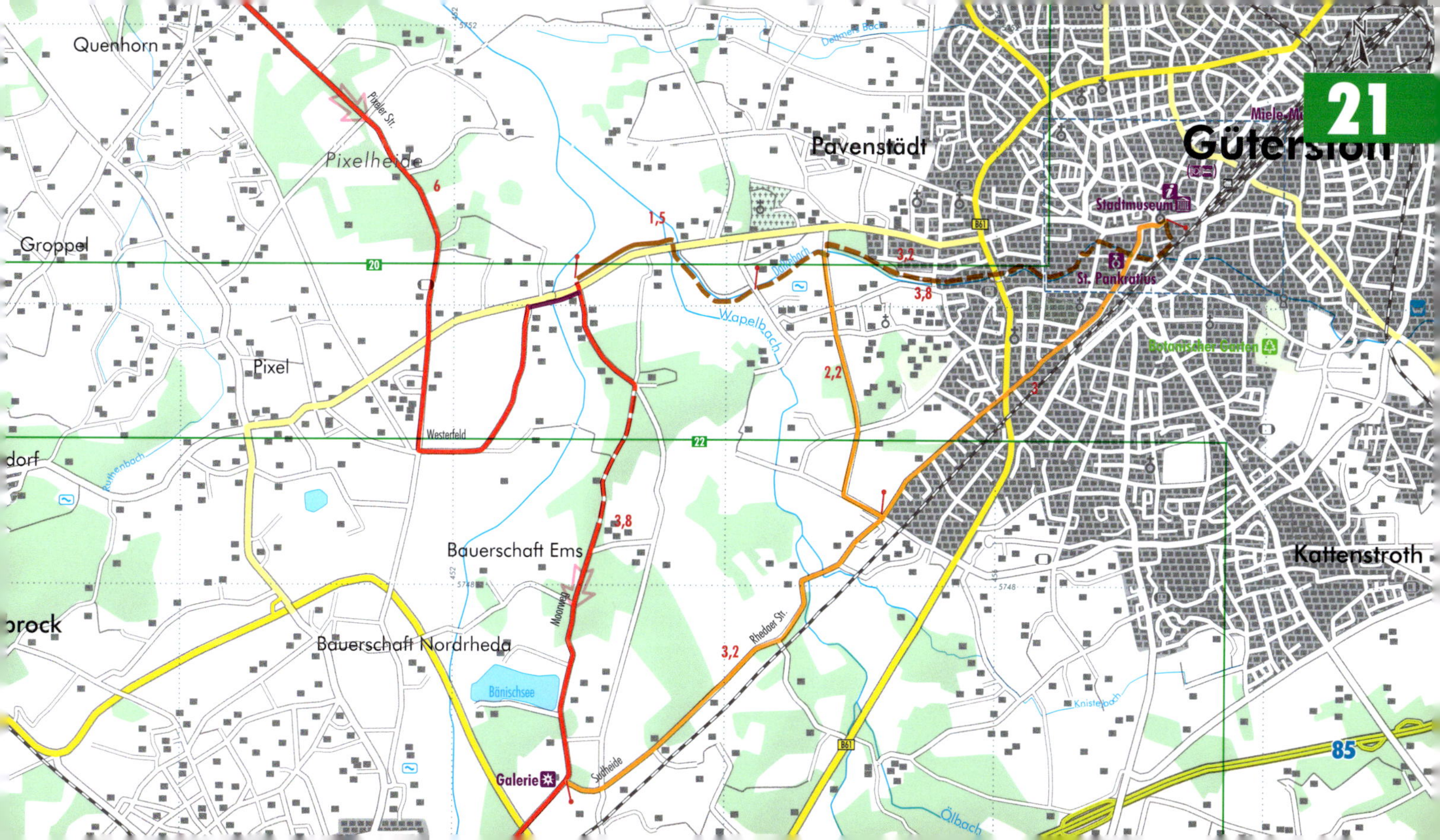

21
Gütersloh
Quenhorn
Pixelheide
Pixeler Str.
Groppel
Pixel
Pavenstädt
Stadtmuseum
St. Pankratius
Miele-Mu
Botanischer Garten
Wapelbach
Dalkebach
Dettmers Bach
Westerfeld
Bauerschaft Ems
Moorweg
Bauerschaft Nordrheda
Bänischsee
Galerie
Südheide
Rhedaer Str.
Kattenstroth
Knisterbach
Ölbach
Ruthenbach
B61
85
20
22
6
1,5
3,2
3,8
2,2
3
dorf
brock

Marienfeld – Abteikirche

Ikonenmuseum, Adenauerstr. 11, ✆ 8455, ÖZ: auf Anfrage. Europaweit einzigartige Ausstellung von Großikonen, hergestellt nach russischer Methode.

Heimatmuseum, Lutterstrang 30, ✆ 05241/340175, ÖZ: Mai-Okt., So 14-18 Uhr. Im Heimatmuseum kann man sich über die Geschichte der Bodennutzung sowie der Landwirtschaft und über die Handwerksgeschichte informieren. Dazu sind landwirtschaftliche Großgeräte ausgestellt, außerdem gibt es auch eine Küche und verschiedene Werkstätten zu besichtigen.

Ehem. Zisterzienserkloster und **Abteikirche** (1185) in Marienfeld, ÖZ: 14-18 Uhr; Spätromanik mit gotischen und barocken Anbauten, geweiht 1222, Führungen unter ✆ 935182. In der Abteikirche finden regelmäßig Konzerte statt.

Seilerei Brügge, Max-Planck-Str. 3, ✆ 8975. Nach Voranmeldung kann man sich hier über die handwerkliche Herstellungstechnik von Seilen informieren.

Glascafé im Klosterhof. In einzigartiger Atmosphäre gibt es hier kulinarische Köstlichkeiten, darunter das in den Gewölben des Abteigebäudes gebraute „Marienfelder Klosterbräu".

TIPP
Empfehlenswert für eine Rast ist der Klosterhof Marienfeld. Im Schatten der historischen Gebäude lädt das Glascafé zum Verweilen ein.

An der Vorfahrtstraße rechts auf dem linksseitigen Radweg, ⚠ auch wenn die Beschilderung anders lauten sollte ~ um das **Klostergelände** herum ~ über den Talgraben ~ nun einige Kilometer entlang der **L 927** ~ am Kreisverkehr halbrechts in die Straße **Südfeld** ~ durch Felder und einzelne Gehöfte ~

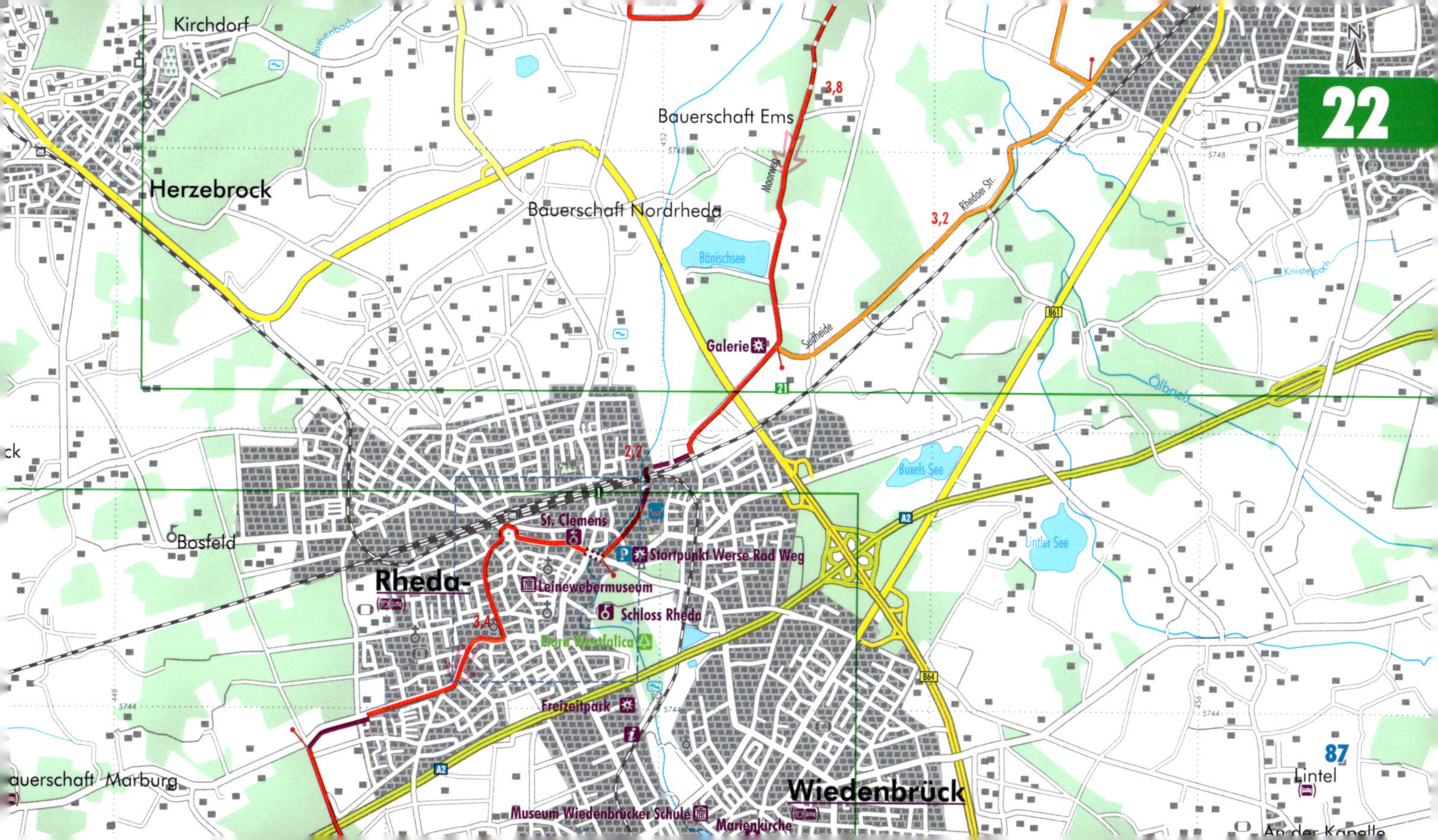

22
Kirchdorf
Herzebrock
Bauerschaft Ems
Bauerschaft Nordrheda
Moorweg
3,8
Bänischsee
3,2
Rhedaer Str.
Knistebach
Südheide
Galerie
B61
Ölbach
21
2,2
Buxels See
ck
Bosfeld
St. Clemens
Startpunkt Werse Rad Weg
Rheda-
Leinewebermuseum
Schloss Rheda
3,4
Flora Westfalica
A2
Lintler See
B64
Freizeitpark
auerschaft Marburg
Museum Wiedenbrücker Schule
Marienkirche
Wiedenbrück
Lintel
An der Kapelle

über eine weitere Emsbrücke und vorbei an der **Brocker Mühle** ~ ca. 750 m später links in die **Pixeler Straße**, der Sie nun für einige Kilometer folgen ~ durch die **Pixelheide** ~ über die **Gütersloher Straße** in die Tempo-30-Zone und durch ein Wohngebiet ~ links in die Asphaltstraße, kurz darauf an der Gabelung links ~ an der **L 788** rechts, über die Ems und kurz danach rechts in die **Emser Landstraße**.

Emssiedlung

Am Ende der Bebauung wird die Straße schmaler in den Wald ⁓ am großen Gittertor rechts in den bald unbefestigten **Moorweg** ⁓ ab den Häusern von **Scharpenberg** wieder asphaltiert ⁓ geradeaus durch Wald und Felder der **Sudheide** ⁓ vorbei an einem verdeckten See, danach wird die Straße breiter ⁓ bei den Häusern halbrechts folgen und auf der Brücke über die B 64 nach **Rheda**.

TIPP Folgen Sie der L 788 noch etwas weiter, können Sie entlang des Dalkebaches einen unkommentierten Abstecher nach Gütersloh machen.

Gütersloh

PLZ: 33330; Vorwahl: 05241

- **Gütersloh Marketing GmbH/Tourist-Information,** Berliner Str. 63, ✆ 211360, www.guetersloh.de
- **Stadtmuseum**, Kökerstr. 7-11a, ✆ 26685, ÖZ: Di-Fr 14-17 Uhr, Sa, So 11-17 Uhr (Führungen auf Anfrage). Thema: Industrie- und Entwicklungsgeschichte der Stadt, wechselnde Ausstellungen.
- **Miele-Museum**, Carl-Miele-Str. 29, ✆ 892575, ÖZ: Mo-Do 8-16 Uhr, Fr 8-14 Uhr (Führungen auf Anfrage). Das Museum zeigt eine Ausstellung zur Entwicklung der Hausgerätetechnik.
- **Apostelkirche** (1514), älteste Kirche in Gütersloh. Die Hallenkirche wurde nach dem Zweiten Weltkrieg in veränderter Form wiedererrichtet, der Turm ist noch original.
- **St. Pankratius** (1890) im neuromantischen Stil mit umfangreicher innerer Ausmalung.
- **Martin-Luther-Kirche** (1861), neugotische Kirche und größte der Stadt. Umfangreiche Veranstaltungen.
- **Botanischer Garten**
- **Freizeitbad „Die Welle"**, mit finnischer Saunalandschaft

Gütersloh – die junge Stadt: Der Aufstieg vom Dorf zum bedeutenden Wirtschaftsstandort in knapp 150 Jahren ist vor allem verbunden mit der Entwicklung der Weltunternehmen Miele und Bertelsmann, die hier ihren Stammsitz haben.

Bereits 1847 erhielt die Stadt einen Bahnhof und wurde an die Stammstrecke der Köln-Mindener-Eisenbahn-Gesellschaft angebunden. Dieser Umstand gemeinsam mit der Industrialisierung im selben Zeitraum führte dazu, dass sich bedeutende Unternehmen in Gütersloh ansiedelten. In diesem Zusammenhang wuchs die Stadt rasant an und erhielt bald auch eine verbesserte Anbindung über die Straße.

Seit 1973 ist Gütersloh Kreisstadt und gehört heute zu den bedeutenden Zentren Ostwestfalens. Moderne Architektur auf der einen Seite, der historische Fachwerkkirchplatz sowie üppige Park- und Gartenlandschaften auf der anderen Seite prägen das Bild einer lebenswerten Kulturstadt mit umfangreichem Freizeitangebot.

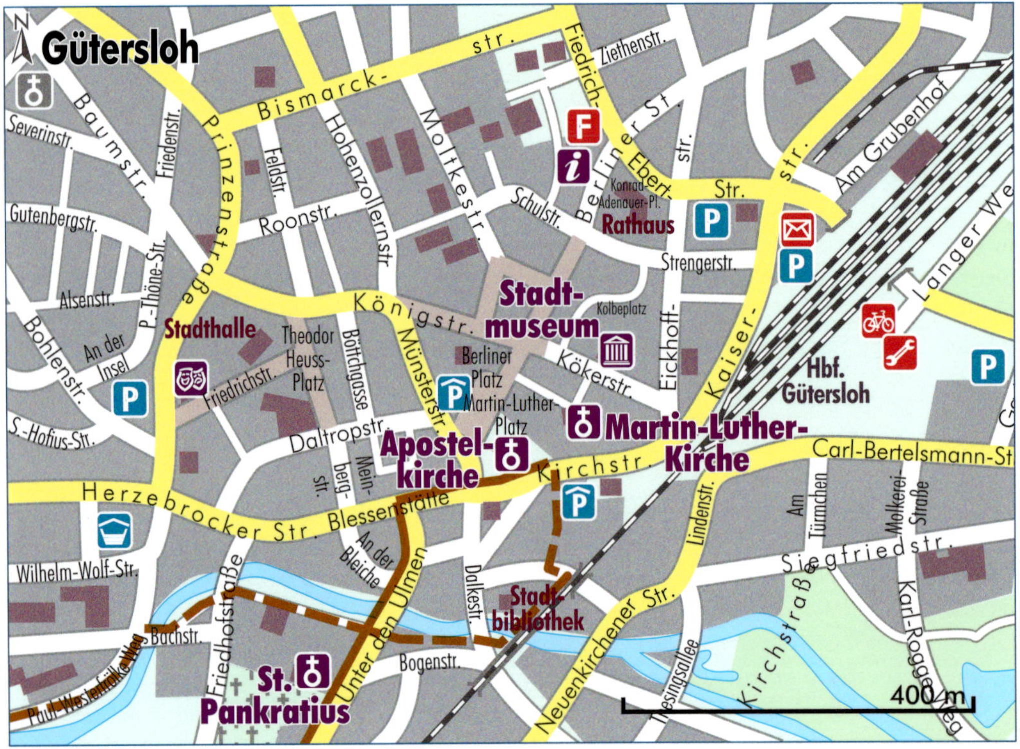

Rheda s. S. 16

Nach dem Linksbogen der Straße noch vor der Eisenbahnunterführung rechts in den **Milchweg** ~ parallel der Gleise geradeaus in den schmalen Radpfad und bis zur Ems, dort links und am Emsufer bis zum großen **Parkplatz** an der **Gütersloher Straße** ~ Sie haben das Ziel Ihrer Tour erreicht.

Sie haben nun das Ende Ihrer Radreise erreicht. Wir hoffen, Sie hatten einen erlebnisreichen und interessanten Radurlaub und freuen uns, dass Sie ein *bikeline*-Radtourenbuch als Begleiter gewählt haben.

Das gesamte *bikeline*-Team wünscht Ihnen eine gute Heimreise!

Hikeline

Wanderführer

NEU: Schweißfest und wasserabweisend

Die neue Serie zu den schönsten Wanderzielen

- kompaktes und handliches Format (10,5 x 16 cm)
- geschützte Spiralbindung
- klare, leicht lesbare Landkarten
- optimaler Wandermaßstab 1:35.000 mit UTM Netz
- detaillierte Darstellung der Wegekategorien
- Wegpunkte verknüpfen Karte und Text
- genaue Wegbeschreibungen
- prägnante Informationen zu Orten und Sehenswürdigkeiten
- zahlreiche Zentrums- und Ortspläne
- Höhenprofile zu jeder Etappe
- umfassendes Übernachtungsverzeichnis
- gründlich recherchiert und laufend aktualisiert

Übernachtungsverzeichnis

Dieses Verzeichnis beinhaltet folgende Übernachtungskategorien:

- H Hotel
- Hg Hotel garni
- Gh Gasthof, Gasthaus
- P Pension, Gästehaus
- Pz Privatzimmer
- BB Bed and Breakfast
- Fw Ferienwohnung (Auswahl)
- Bh Bauernhof
- Hh Heuhotel
- Jugendherberge, -gästehaus
- Campingplatz
- Zeltplatz (Naturlagerplatz)

Bett & Bike

Alle mit dem Bett & Bike-Logo (Bett & Bike) gekennzeichneten Betriebe erfüllen die vom ADFC vorgeschriebenen Mindestkriterien als „Fahrradfreundliche Gastbetriebe" und bieten darüber hinaus so manche Annehmlichkeit für Radfahrer. Detaillierte Informationen finden Sie unter *www.bettundbike.de*.

ADFC Allgemeiner Deutscher Fahrrad-Club

Die Auflistung erhebt keinen Anspruch auf Vollständigkeit und stellt keine Empfehlung der einzelnen Betriebe dar.

Die römische Zahl (I-VII) nach der Telefonnummer gibt die Preisgruppe des betreffenden Betriebes an. Wir möchten Sie jedoch darauf hinweisen, dass die angegebenen Preiskategorien dem Stand des Erhebungs- bzw. Überarbeitungszeitraumes entsprechen und sich von den tatsächlichen Preisen unterscheiden können.

Folgende Unterteilung liegt der Zuordnung zugrunde:

I	unter € 15,–
II	€ 15,– bis € 23,–
III	€ 23,– bis € 30,–
IV	€ 30,– bis € 35,–
V	€ 35,– bis € 50,–
VI	€ 50,– bis € 70,–
VII	über € 70,–

Die Preisgruppen beziehen sich auf den Preis pro Person in einem Doppelzimmer mit Dusche oder Bad inkl. Frühstück. Übernachtungsbetriebe mit Zimmern ohne Bad oder Dusche, aber mit Etagenbad, sind durch das Symbol nach der Preisgruppe gekennzeichnet.

Da wir das Verzeichnis stets aktuell halten möchten, sind wir für Mitteilungen bezüglich Änderungen jeder Art dankbar. Der einfache Eintrag erfolgt für die Betriebe natürlich kostenfrei.

Rheda-Wiedenbrück

PLZ: 33378; Vorwahl: 05242

Flora Westfalica, Mittelhegge 11, 93010

Wiedenbrück

H Sporthotel Wiedenbrück, Wasserstr. 40, ✆ 9533, III-IV
H Sonne, Hauptstr. 31, ✆ 93710, V
H Ratskeller Wiedenbrück, Lange Straße/ Am Marktplatz 11, ✆ 9210, VI
H Am Wasserturm, Bielefelder Str. 143, ✆ 8782/3, IV
H Zur Wartburg, Mönchstr. 4, ✆ 92520, IV-V
H Jägerheim, Am Jägerheim 1, ✆ 577966, IV
H Hohenfelder Brauhaus, Lange Str. 10, ✆ 8406, V
Gh Landgasthaus Pöppelbaum, Postdamm 28, ✆ 7692, IV
P Biermann, Maaßfeld 4, ✆ 577926, II-III
P Seifert, Hüfferstr. 31, ✆ 5175
Pz Hildegard Dürbusch, Bielefelder Str. 14, ✆ 7275
Pz Familie Hütig, Lange Str. 79a, ✆ 2819

Rheda

H König´s, Hotel am Schlosspark, Berliner Str. 47, ✆ 408060, V
H Rhedaer Hof, Bahnhofstr. 68, ✆ 550364, III
H Reuter, Bleichstr. 3, ✆ 94520, V
H Am Doktorplatz, Berliner Str. 19, ✆ 94250, IV-V
Gh Rheda, Am Faulbusch 9, ✆ 55070, IV
Pz Karin Berger, Oelder Str. 1, ✆ 47429
Pz Dorothea Dönig, Schillerstr. 9, ✆ 44342
Pz Ursula Fallner, Moosstr. 7, ✆ 400716
Pz Norbert Meier, Ahornallee 20, ✆ 45165
Fw City-Appartments Stiens, Frankenbrink 101-105a, ✆ 967060

Marburg

H Marburg, Marburg 16, ✆ 94430, V (westl. von Rheda)

Batenhorst

Gh Albermann, Beckumer Str. 22, ✆ 34642, IV-V (südl. von Wiedenbrück)

Stromberg

PLZ: 59302; Vorwahl: 02529
H Zum Burggrafen, Daudenstr. 5, ✆ 221, IV
H Zur Post, Münsterstr. 16, ✆ 246, IV

Oelde

PLZ: 59302; Vorwahl: 02522
Forum Oelde, Herrenstr. 9, ✆ 72800
H Engbert, Lange Str. 24-26, ✆ 93390, V-VI
H Mühlenkamp, Geiststr. 36, ✆ 93560, V-VI
H Zum Wassertrum, Ennigerloher Str. 43, ✆ 92026, V

Keitlinghausen (südlich Oelde)

PLZ: 59302; Vorwahl: 02522
H Gut Meier Gresshoff, Gresshoffweg 6, ✆ 9130, V-VI

Lette (nördlich Oelde)

PLZ: 59302; Vorwahl: 05245
H Hartmann, Hauptstr. 40, ✆ 8610, V
H Lindenhof, Hauptstr. 17-19, ✆ 86010, V
H Landkomfort Westermann, Clarholzer Str. 26, ✆ 87020, V

Vellern

PLZ: 59269; Vorwahl: 02521
H Alt Vellern, Dorfstr. 21, ✆ 87170, V-VI
Gh Brand, Dorfstr. 5, ✆3428

Neubeckum

PLZ: 59269; Vorwahl: 02525

H Haus Wiese, Wiesenstr. 7, ✆ 950438, III
H Bahnhofshotel Neubeckum, Bahnhofstr. 5, ✆ 2200, IV

Beckum

PLZ: 59269; Vorwahl: 02521
ℹ Stadtmarketing Beckum, Linnenstr. 14, ✆ 825725
H Samson, Hühlstr. 12, ✆ 93210, V
H Westfälischer Hof , Weststr. 33, ✆ 3369, V
H Haus Pöpsel, Herzfelder Str. 60, ✆ 3628, III
H Höxberg , Soestwarte 1, ✆ 83040, VI
H Zur Landwehr, Heddigermarkstr. 264, ✆ 4708, III
H Zur Windmühle, Unterberg II/33 Höxberg, ✆ 86030, V
Gh des Hotels Samson, Hühlstr. 12, ✆ 93210, III-IV
Fw Funke, Stromberger Str. 34 und 53, ✆ 9671191, I-III
Fw Hagedorn, Holtmarweg 25, ✆ 7630, IV
Fw Hellmann-Meyer, Holtmarweg 22, ✆ 822208, V

Vorhelm

PLZ: 59227; Vorwahl: 02528
H Witte, Hauptstr. 32, ✆ 8886, V

Dolberg

PLZ: 59227; Vorwahl: 02388
H Ostermann, Heessener Str. 17, ✆ 2384, III
H Zum Pöttenkamp, Uentroper Str. 2, ✆ 1920, III
Gh Zur Post, Twieluchtstr. 1, ✆ 2363, III

Hamm

PLZ: 59065-59071; Vorwahl: 02381
ℹ Insel – Verkehr und Touristik, Verkehrsverein Hamm e. V. , Willy-Brandt-Platz, ✆ 2742499
H Alte Mark, Alte Soester Str. 28, ✆ 980560, V
H Bootshaus Mr. Phung, Fährstr. 7, ✆ 987650, V
H Café Breuer, Ostenallee 95, ✆ 84001, V
H Casino Hotel Hamm, Münsterstr. 40, ✆ 30060, III-IV
H Glitz, Marienstr. 21, ✆ 920130, V
H Hammer Brunnen, Ostenallee 105, ✆ 982830, IV
H Haus Keitmann, Kamener Str. 238, ✆ 12089, IV
H Kumper Landhaus, Werler Str. 408, ✆ 8080, III
H Mercure, Neue Bahnhofsstr. 3, ✆ 91920, V-VI
H Park , Hammer Str. 237, ✆ 71666, II
H City, Schillerstr. 68, ✆ 920600, V
H Lutz, Werler Str. 249, ✆ 50505, II-III
H Dietrich, Münsterstr. 16, ✆ 302070, III-IV
H Syrtaki, Feidikstr. 45, ✆ 28560, II
P Alt Gutenberg, Oststr. 45b, ✆ 25776
P Haus Petermann, Amtsstr. 1, ✆ 34181
Pz Schulte-Karlheim, Von-Thünen-Str. 69, ✆ 2169
Sylverberg, Ostenallee 101, ✆ 83837, I-II

Werne-Stockum

PLZ: 59368; Vorwahl: 02389
H Ferienhof Dahlkamp, Feldstr. 1, ✆ 3755, II

Heessen

PLZ: 59073; Vorwahl: 02381
H Bootshaus, Fährstr. 7, ✆ 987650, V

Ahlen

PLZ: 59227; Vorwahl: 02382
ℹ Wirtschaftsförderungsgesellschaft Ahlen mbH, Beckumer Str. 34, ✆ 964304
H Art Hotel, Warendorfer Str. 26, ✆ 70650, VI
H Südtor, Südstr. 30, ✆ 8551106, III
H Hof Münsterland, Kruppstr. 11, ✆ 73226, V
H Am Park, Parkstr. 50, ✆ 3695, V

H Altes Forsthaus, Im Oestricher Holt 69-71, ✆ 6661, III
H Zum Wersehof, Weststr. 124, ✆ 7601522, IV
H Feldhaus, Hammer Str. 63, ✆ 2440
H Kolpinghaus Ahlen, Kolpingstr. 4, ✆ 3090
P Maria Sobatta, Oestricher Weg 251, ✆ 7665979, I
Fw Rudolf Geiler, Südstr. 34, ✆ 82714

Walstedde

PLZ: 48317; Vorwahl: 02387
H Haus Volking, Herrenstein 22, ✆ 665, III-IV
Fw Gerda und Werner Monheim, Dorfstr. 36, ✆ 919798, II-III

Drensteinfurth

PLZ: 48317; Vorwahl: 02508
i Stadtverwaltung, Landsbergpl. 7, ✆ 9950, www.drensteinfurt.de
H Amigos – Im alten Brauhaus, Mühlenstr. 14, ✆ 9354, V
Gh Schwatten-Holtkamp, Eickenbeck 73, ✆ 993990, IV

Rinkerode

PLZ: 48317; Vorwahl: 02538
Gh Lohmann, Albersloher Str. 25, ✆ 203, V
Gh Landhaus Rinkerode, Altendorf 18, ✆ 93040, V
Fw Rinkerode, Finkenweg 17, ✆ 0152/05962445, III
Haus Borg, Altendorf , ✆ 708

Albersloh

PLZ: 48324; Vorwahl: 02535
Hg Zur Post, Kirchplatz 3, ✆ 223, IV
P Störper Eck , Storp 4, ✆ 9599192, III
P Zum Vatti, Rohrlandweg 6, ✆ 239, II
Fw Lütke-Lengerich , Sendehorster Str. 3, ✆ 61319
Fw Linda Manzke, Buschkamp 24, ✆ 719, II
Fw Lions Ranch, (Nähe Kemnader See), ✆ 9599093, II-III

Sendenhorst (östlich der Route)

PLZ: 48324; Vorwahl: 02526
i Stadt Sendenhorst, Kirchstr. 1, ✆ 303116
H Landkomforthotel Bartmann, Bracht 3, ✆ 1228, V
Hg Waldmutter , Hardt 6, ✆ 93270, V
H Zurmühlen, Osttor 38, ✆ 939980, V
H Lotus, Nordstr. 15, ✆ 937733, II

Fw Ursula Bosse, Industrieweg 29, ✆ 4041, II
Fw Anneliese Entrup, Osttor 58, ✆ 1620, II

Münster-Hiltrup

PLZ: 48165; Vorwahl: 02501
i Münster-Marketing, Klemensstr. 10, ✆ 0251/4922726
H Best Western Premier Krautkrämer, Am Hiltruper See 173, ✆ 8050, VI, Fahrradverleih
H Zur Prinzenbrücke, Osttor 16, ✆ 44970, V, Fahrradverleih
H Hiltruper Hof, Westfalenstr. 148, ✆ 27880, V, Fahrradverleih
H Ambiente, Marktallee 44, ✆ 27760, VI, Fahrradverleih
H Landgraf, Thierstr. 26, ✆ 1236, V, Fahrradverleih
H Zum ollen Duorp, Westfalenstr. 156, ✆ 2018, IV

Münster-Wolbeck

PLZ: 48167; Vorwahl: 02506

Hg Klostermann, Münsterstr. 25, ✆ 2234, IV

H „Zur Mühle", Windmühle 15, ✆ 302160

Münster

PLZ: 48143-48149; Vorwahl: 0251

i Münster-Marketing, Klemensstr. 10, ✆ 4922726

H Parkhotel Schloss Hohenfeld, Dingbängerweg 400, ✆ 02534/8080, VI

H Stadthotel, Aegidiistr. 21, ✆ 48120, VI

H Überwasserhof, Überwasserstr. 3, ✆ 41770, VI

H Europa, Kaiser-Wilhelm-Ring 26, ✆ 37062, VI

H Central, Aegidiistr. 1, ✆ 510150, VI

H Conti, am Hauptbahnhof, ✆ 8469280, VI

H Scho, Gerhardstr. 21-23, ✆ 133190, VI

H Kaiserhof, Bahnhofstr. 14, ✆ 41780, V

H Marco Polo, Bremer Platz 36, ✆ 96092000, VI

H Martinihof, Hörsterstr. 25, ✆ 418620, V

H Münnich, Heeremannsweg 13, ✆ 61870, V

H Wienburg, Kanalstr. 237, ✆ 2012800, V

Hg Frönd, Warendorfer Str. 58, ✆ 133430, V

Hg Horstmann, Windthorststr. 12, ✆ 417040, V

Hg Jellentrup, Hüfferstr. 52, ✆ 981050, V

Hg Haus vom guten Hirten, Mauritz-Lindenweg 61, ✆ 37870, V

Fw Heitkötter, Warendorfer Str. 197, ✆ 2303262

Jugendherberge Aasee, Bismarckallee 31, ✆ 530280, II

Hostel Sleep Station, Wolbecker Str. 1, ✆ 4828155, III

Münster, Laerer Werseufer 7, ✆ 311982

Münster-Handorf

PLZ: 48157; Vorwahl: 0251

H Landhaus Eggert, Zur Haskenau 81, ✆ 328040, VI

H Hof zur Linde, Handorfer Werseufer 1, ✆ 32750, VI

H Wersetürm'ken, Dorbaumstr. 145, ✆ 390830, VI

Fw Drei Eichen/Werseblick, Drei Eichen 51, ✆ 324324, III-IV

Pleistermühle

PLZ: 48157; Vorwahl: 0251

Gh Pleister Mühle , Pleistermühlenweg 196, ✆ 136 76-0, VI

Gelmer

PLZ: 48157; Vorwahl: 0251

Fw Aahues – Familie Rauert, Gelmerheide 62, ✆ 3270817, II-III, ab 3 Übernachtungen

Fw Blume, Hessenweg 182, ✆ 249364, III

Westbevern-Vadrup

PLZ: 48291; Vorwahl: 02504

i Stadttouristik Telgte, Kapellenstr. 2, ✆ 690100

H Up'n Brink, Brinker Damm 2, ✆ 739990, III-IV

Hg Gästehaus zur Bever, Grevener Str. 26, ✆ 98090, IV-V

Pz Haus Josefsee, Nathmannsheide 29, ✆ 959761, II-III

Pz Christ, Heidkamp 2, ✆ 88259, II b,

Pz Baumkötter, Borgesch 23, ✆ 8630, I

Telgte

PLZ: 48291; Vorwahl: 02504

i Stadttouristik, Kapellenstr 2, ✆ 690100

H Telgter Hof, Münsterstr. 29, ✆ 93170, IV-V

H Marienlinde, Münstertor 1, ✆ 5057, VI

H Waldhütte, Im Klatenberge 19, ✆ 9200, VI

P Altes Gasthaus Pohlmeier, Steinstr. 30,

✆ 4560, II-III
Pz Kock, Am Knapp 5, ✆ 2253, II
Pz Gerversmann, Bockhorner Heide 48, ✆ 1846, II
Pz Meinhardt, Händelstr. 7, ✆ 611, II
Bh Große Bockhorn, Bockhorner Heide 17, ✆ 4405, II
Bh Brockmann, Bockhorner Heide 25, ✆ 4141, II
Fw Am Münstertor, Münstertor 16 b, ✆ 5286, II-III (o. Frühst.),
Fw Fichna, Emsstr. 10, ✆ 5465, II (o. Frühst.),
Fw Konegen, Voßbrede 10, ✆ 4669, I-II (o. Frühst.),
Fw Redecker, Münstertor 16b, ✆ 5286, II (o. Frühst.),
Fw Schlautkötter, Haydnstr. 17, ✆ 5338, I-II (o. Frühst.),
Camping Sonnenwiese an der Ems, Raestrup 4, ✆ 1763

Milte

PLZ: 48231; Vorwahl: 02584
Gh Biedendiek, Dorfstr. 35, ✆ 1307, III
P Geva, Telgenstr. 15, ✆ 8116, III

Müssingen

PLZ: 48231; Vorwahl: 02582
H Birkeneck, Birkenweg 2, ✆ 1020, IV

Warendorf

PLZ: 48231; Vorwahl: 02581
Verkehrsverein, Emsstr. 4, ✆ 787700 od. 19433 (Reservierungshotline)
H Im Engel, Brünebrede 35-37, ✆ 93020, V-VI
H Mersch, Dreibrückenstr. 66-68, ✆ 63730, V-VI
H Emshof, Sassenberger Str. 39, ✆ 2300, IV-V
H Landhaus Wiesenhof, Gröblingen 52, ✆ 9230, V
H Golfhotel Blaue Ente, Vohren 41, ✆ 02586/1792, VI
Hg Johann, Emsstr. 15, ✆ 63800, V
P Lippmann, Vom-Stein-Str. 23, ✆ 8775, III
P Oswald, Adlerstr. 17, ✆ 0175/4431816, II
P Brümmer, Dahlienweg 1, ✆ 3267, II
Camping Alsmann, Neuwarendorf 22a, ✆ 62557

Freckenhorst (südlich Warendorf)

PLZ: 48231; Vorwahl: 02581
P Gästehaus Niemerg, Dechaneistr. 14, ✆ 4792, IV

Sassenberg

PLZ: 48336; Vorwahl: 02583
H Börding, Von-Galen-Str. 16, ✆ 1039, V
H AmFeldmarksee, Fichtenstr. 24, ✆ 300506, V

Greffen

PLZ: 33428; Vorwahl: 02588
H Zur Brücke, Hauptstr. 38, ✆ 890, V-VI

Beelen

PLZ: 48361; Vorwahl: 02586
H Hemfelder Hof, Clarholzer Str. 21, ✆ 215
H Hotel Beelen, Warendorfer Str. 37, ✆ 2222, V
H Zur Postkutsche, Dreingaustr. 4, ✆ 8484, V
P Zum Brachvogel, Hemfeld 7, ✆ 1034, III

Harsewinkel

PLZ: 33428; Vorwahl: 05247
Bürgerbüro Harsewinkel, Münsterstr. 14, ✆ 935200
H Bergmann, Gütersloher Str. 31, ✆ 2008, V
H AMADIS, Münsterstr. 2 926020, ✆ 926020, VI
H Poppenborg, Brockhäger Str. 9, ✆ 2241, V
Gh Wilhalm, Dr.-Pieke-Str. 2, ✆ 927080, V

Marienfeld

PLZ: 33428; Vorwahl: 05247

H Klosterpforte, Klosterhof 3, ✆ 7080, V-VI

H Deutsches Haus, Oester 1, ✆ 985940, V

Gh Meier-Westmeyer, Bielefelder Str. 3, ✆ 98780, V

Gh Altes Bauernhaus, Möllenbrockweg 20, ✆ 988010, III

Gütersloh

PLZ: 33330; Vorwahl: 05241

i Gütersloh Marketing GmbH/Tourist-Information, Berliner Str. 63, ✆ 211360,

H Am Mohns Park, Jahnstr. 48, ✆ 35167, VI

H Am Rathaus, Friedrich-Ebert-Str. 62, ✆ 92110, VI

H Appelbaum, Neuenkirchener Str. 59, ✆ 95510, VI

H Bemare, Moltkestr. 65, ✆ 29272, VI

H Center, Kökerstr. 6-8, ✆ 90110, VI

H Parkhotel, Kirchstr. 27, ✆ 8770, VI

H Stadt Gütersloh, Kökerstr. 23, ✆ 1050, VI

H Stadt Hamburg, Feuerbornstr. 9, ✆ 4009970, VI

PLZ: 33332 (südöstlich)

H Busch, Carl-Bertelsmann-Str. 127, ✆ 92310, V-VI

Gh Jakobsschänke, Bettentrupsweg 2729, ✆ 4356, II-V

PLZ: 33334 (nördlich)

H Müterthies, Neuenkirchener Str. 264, ✆ 94120, V-VI

H Flussbett, Wiesenstr. 40, ✆ 211370, VI

H Isselhorster Landhaus, Haller Str. 139, ✆ 67661 u. 96680, VI

H Spexarder Krug, Verler Str. 328, ✆ 4349, V-VI

H Waldklause, Spexarder Str. 205, ✆ 97630, V-VI

H Zum Postillon, Zum Brinhof 1, ✆ 2205500, V-VI

Gh Birkenhake, Münsterlandstr. 474, ✆ 36426, V (o. Frühstück)

Gh Hellweg-Klause, Am Hüttenbrink 35, ✆ 40733, IIV

P Schmidt, Franz-Grochtmann-Str. 8, ✆ 48961, II-III

Fw Großehagenbrock, Determeierstr. 124, ✆ 48975, II-V

PLZ: 33335 (nordöstlich)

H Altdeutscher Hof, Carl-Bertelsmann-Str. 208, ✆ 917020, VI

H Lindenkrug, Carl-Bertelsmann-Str. 267, ✆ 74030, VI

H Hotel Müther, Isselhorster Str. 172, ✆ 78463, V

H Schützenhof, Brackweder Str. 7, ✆ 05209/980938, III-VI

Gh Haus Michelwirth, Sundernstr. 218, ✆ 77595 u. 701150, VI

Ortsindex

Einträge in *grüner Schrift* beziehen sich aufs Übernachtungsverzeichnis.

bikeline Radkarten

Neuerscheinungen 2010

Radkarte
Ruhrgebiet
(RK-NRW4)
1:75.000, 130 x 88 cm
Mit UTM-Netz, € 6.90,
ISBN: 978-3-85000-286-8

Radkarte
Eifel Nord, Aachen, Köln
(RK-NRW6)
1:75.000, 130 x 88 cm
Mit UTM-Netz, € 6.90,
ISBN: 978-3-85000-287-5

Radkarte
Eifel Süd, Mosel
(RK-RPF2)
1:75.000, 130 x 88 cm
Mit UTM-Netz, € 6.90,
ISBN: 978-3-85000-288-2

Radkarte
Pfalz
(RK-RPF4)
1:75.000, 130 x 88 cm
Mit UTM-Netz, € 6.90,
ISBN: 978-3-85000-289-9

Radkarte
Mark Brandenburg, Havelland
(RK-BRA3)
1:75.000, 130 x 88 cm
Mit UTM-Netz, € 6.90,
ISBN: 978-3-85000-290-5

Radkarte
Oderbruch, Barnimerland
(RK-BRA4)
1:75.000, 130 x 88 cm
Mit UTM-Netz, € 6.90,
ISBN: 978-3-85000-291-2

Unser komplettes Programm finden Sie unter: www.esterbauer.com